开口就能说重点

刘薇 著

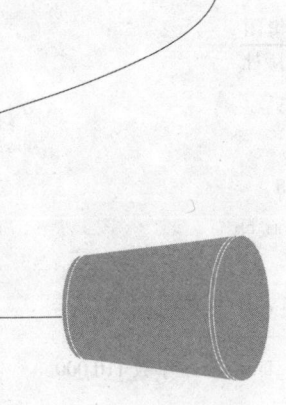

天津出版传媒集团
天津科学技术出版社

图书在版编目（CIP）数据

开口就能说重点 / 刘薇著. -- 天津 ：天津科学技术出版社，2019.8

 ISBN 978-7-5576-6974-4

Ⅰ. ①开… Ⅱ. ①刘… Ⅲ. ①语言艺术－通俗读物 Ⅳ. ①H019-49

中国版本图书馆CIP数据核字(2019)第157365号

开口就能说重点
KAIKOU JIUNENG SHUOZHONGDIAN
责任编辑：胡艳杰

出　　版：	天津出版传媒集团 天津科学技术出版社
地　　址：	天津市西康路35号
邮　　编：	300051
电　　话：	（022）23332695
网　　址：	www.tjkjcbs.com.cn
发　　行：	新华书店经销
印　　刷：	大厂回族自治县彩虹印刷有限公司

开本 880×1230　1/32　印张 6　字数 110 000
2019年8月第1版第1次印刷
定价：39.80元

前言 PREFACE

"一言之辩,重于九鼎之宝;三寸之舌,强于百万之师。"语言的力量远远超乎你的想象。从某种角度来说,一个人的生活,与他的说话能力所带来的影响力有着非常重要的关系。因此,如何说话对一个人很重要。而说话有重点、简洁精炼,则更是一个人说话水平的直接体现。

在实际生活中,我们常常会看到一些人特别喜欢说话,他们几乎逢人必说,每说必长,并且一开口就是漫无边际,好似江河滔滔不绝。他们认为,多说话就是善交际,如果不说则会丢面子。而有关说话的效果,他们似乎并不太关心。其中许多人可能不知道,自己在滔滔不绝地说,听者却不知其所言、厌恶至极;还有一些人说话言简意赅、一针见血,在生活和工作中混得风生水起。

在刘禹锡的《陋室铭》中有这样一句经典名句:"山不在高,有仙则名。水不在深,有龙则灵。"说话也是同样的道理,没有人喜欢冗长、复杂的话,话语再多,没有效果也是枉然。所以,说话时你的第一要务就是精简语言，开口就能说到对方的心里去。

在现代社会高度竞争的复杂人际关系中，快节奏的学习和工作环境，要求我们有更加智慧、更有锐气、更强调科学性与可操作性的"开口说重点"之道。本书围绕这个主题，结合生活中常见的提问、回话、说服、拒绝等各种场景，并配以生动的案例，深入浅出地向读者展示了社会生活中实用、有效的说话技巧，能快速提升你的说话水平和沟通能力，让你开口就能说重点，三言两语就能打动对方的心。

最后，请大家谨记：说话能力是通过不断练习锻炼出来的。希望每一位想提高说话能力的读者都能利用各种机会、各种零散时间多多练习，相信在不久的将来你就会成为一个会表达、善表达、表达精准的人。

目录 CONTENTS

Chapter 1 说话有重点,双方沟通更高效

说话时要抓住重点信息 /002
有效挖掘彼此之间的共同点 /006
说话分三点,更具条理性 /009
先结论后原因,对方会迅速理解 /013
善抓关键词,掌握对方说话的重点 /017
表达精准,远离不必要的误会 /021

Chapter 2 高效简洁,废话连篇的话语谁都不喜欢

啰唆的语言让人困惑不解 /026
话语精简,才更有力量 /029
用三个字说话,就能戳中要害 /033
发表演讲时要长话短说 /036
说话绕来绕去,不如直言更显真诚 /040
冷静表达,说话要有逻辑 /044

Chapter 3　优质提问，对方才能做出有效答话

掌握话语主动权，关键要主动提出问题　/048

用封闭式提问摆脱兜圈子的烦恼　/052

直接提问，往往会得到有效回应　/056

了解对方的好奇心，引导他主动提问　/060

抓住关键进行提问，主题才不易偏离　/063

Chapter 4　回话本事，让你避免当话题的"终结者"

理清问题，避免答非所问的尴尬　/068

回话的前后顺序要有逻辑性　/072

答话要详细，避免过于简单　/076

巧妙修辞，使回话更具魅力　/080

正面回答，给对方留下好感　/084

Chapter 5　攻心说服，助你在任何场合都能打动对方

以退为进，促使对方放松心理戒备　/088

激将法，激起对方不服输的情感　/093

迂回诱导，从侧面说服更显婉转　/096

利用事实和数据，更具说服力　/100

语气温和，忌颐指气使地去说服　/104

Chapter 6	巧言拒绝，别让不会说"不"毁了自己

用软语拒绝对方会更有效 /110
以其人之道还治其人之身 /113
利用合适的借口，拒绝不伤人心 /116
说明自己的困难，拒绝会顺理成章 /120
运用拖延，含糊回避对方的请求 /123

Chapter 7	掌握时机，三言两语就能说到对方心坎里

及时道歉，才会很快消除矛盾 /128
把握决定性的时机，事就成了 /131
学会在合适的时候"装个糊涂" /135
插话看时机，给对方留下良好印象 /138
随机应变，要懂得用幽默解决难题 /142

Chapter 8	因人表达，跟谁都能聊得来

注意说话方式，让领导加薪并不难 /146
用优秀的说话艺术，打动每一位同事 /150
恋爱中言语间多放点蜜 /154
夫妻间嘴上让一步，生活更和睦 /157
学会拉近人脉关系，扩大交际圈 /160

Chapter 9	开口有禁忌，说话也要体现高情商
	管住嘴巴，慎重开口不吃亏　/164
	毫无遮拦地揭短，易伤对方自尊　/167
	绝对话语要绕开，谦虚才是显自信　/170
	委婉表达，不要张口直言　/173
	多听别人说话，忌自吹自擂　/178

Chapter 1
说话有重点，双方沟通更高效

俗语讲"一句话使人笑，一句话使人跳"，只有把话说到点子上，才会达到"一句话使人笑"的说话效果。如今，在快速的生活节奏下，没有人会对你不着边际的话感兴趣。如果想让彼此的交谈愉快地进行，说话时必须把握重点，否则对方听得一头雾水，你们的谈话就很难继续下去。

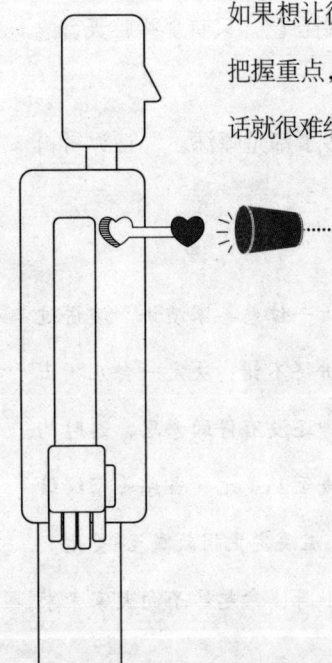

说话时要抓住重点信息

我们经常在各种场合见到一些夸夸其谈的人，如果你认为他们这样就叫口才好，那就大错特错了。一个口才好的人，根本不会在别人面前用侃侃而谈的方式来证明自己。只有那些整天言之无物的人才会如此。

俗话说："豆腐多了都是水，话多了都是唾沫。"话说得再多，抓不住重点也是没有益处的。

一个礼拜天，马克·吐温在教堂听一位慈善家演讲。演讲过了五分钟后，马克·吐温觉得慈善家讲得不错，决定一会儿捐出50美元。可是这个慈善家讲了十多分钟还没有停的意思，这时马克·吐温有点儿厌烦了，决定将捐款减至25美元。当慈善家继续滔滔不绝地讲了半小时之后，马克·吐温决定把捐款减至5美元。而当慈善家喋喋不休地讲了整整一个小时，拿起钵子向大家索求捐助的时候，马克·吐温非但没有捐钱，还从他的钵子里拿走了2美元！

马克·吐温的这一行为让我们忍俊不禁，但是仔细想想，这看似不合情理，却也是理所当然。鲁迅先生曾说："时间就是性命。无端地空耗别人的时间，其实是无异于谋财害命。"而故事中的那位慈善家将本来只需几分钟就能完成的演讲，拖至整整一个小时，致使他的形象一落千丈，引起马克·吐温的反感，以至于不但没有得到马克·吐温的捐助，还被马克·吐温拿走了2美元。

可见，说话多有时候并不是一件好事，并不能帮助你达到你想要的效果。在现实生活中，很多人说话总是抓不住重点，絮絮叨叨说一大堆，把别人搞得很烦。而有些人说话则能有的放矢、切中要害。

一位保险推销员拨通了李先生的电话。

推销员："您好，您是李××先生吗？"

李先生："我是，你哪位？"

推销员："我叫××，我们公司最近推出了一种新产品……"

这位推销员开始了标准的推销演讲，一分钟过去了，他仍然没有明确说出自己推销的产品是什么。李先生忙打断了他："我没兴趣，不需要。"

"我还没介绍是什么产品呢,您怎么就认为自己不需要呢?"推销员很惊诧地问。

"你是推销保险的吧?"李先生耐着性子问道。

"是的。"

"我对保险没兴趣,不要了,谢谢。"

"可是您为什么不买保险呢?"

嘟嘟嘟……还没等这位推销员说完,李先生便挂了电话。

在这段对话中,推销人员虽然说了一大堆话,但是都没说到点子上,并且一大堆的问题让李先生感到反感。

来看看下面这位推销员是怎么做的。

推销员:"您好,请问是李××先生吗?"

李先生:"我是,你哪位?"

推销员:"我是××人寿保险公司的刘海军,是您的朋友赵光介绍我打这个电话的,我只占用您几分钟的时间,您方便吗?"

李先生:"你有什么事吗?"

推销员:"我打这个电话,是因为昨天您的朋友赵光从我这里购买了一份保险,同时他认为此险种非常好,特别适合您这样的成功人士,因此他特意向我推荐您。当然,我还不确定您是不是有兴趣,所以想和您约个时间当面聊聊,您看您周二下午或者周四下午有时间吗？"

其实，李先生有买保险的念头，但是最近有点儿忙，于是回道："对不起，我最近很忙，没有时间。"

推销员："李先生，这点我当然理解。正是因为您很忙，所以我才特地打电话来和您预约，以免浪费您的时间。我们周二或者周四见个面，只占用您30分钟即可。"

李先生："那好吧，周四。"

推销员："那好，我们周四一起碰个面，请问您几点有时间？"

李先生："下午5点。"

这位推销员自始至终都抓住了问题的关键，即时间对于客户的重要性，所以他开门见山，先是询问自己能不能占用对方几分钟的时间，然后简明扼要地表达了自己的来意，在对方拒绝时，又一次以避免浪费对方的时间为理由，成功说服对方和自己约定时间见面。像这样的推销员，能句句说到点上，抓住客户的需求，客户是很难拒绝的。

所以，我们在说话时一定要抓住重点、切中要害，这样才能准确地表达出你心中的所想，达到沟通的目的。

有效挖掘彼此之间的共同点

在日常生活中,我们经常会遇到这样的人:和熟悉的人在一起聊天,天南海北,滔滔不绝;遇到陌生人,就变得笨嘴拙舌、语无伦次。从心理学的角度讲,这和一个人的性格有关,但从口才学的角度去观察,这其实是一种不会说话的表现。

同陌生人交谈困难与否,重点不在于双方的关系、各自的性格或者彼此的身份,而在于能否快速、有效地挖掘出共同点。这个共同点可以是兴趣爱好,也可以是工作、专业、家乡等。只要找到了和陌生人的共同点,就相当于找到了话题,接下来的谈话也就很容易走上正轨。

王女士到医院就诊,坐在候诊大厅里正闲得无聊,这时邻座的一位大姐因为视力不太好,让王女士帮忙看屏幕上面的一个数据。刚没说几句话,大姐就好奇地问:"你是来看什么病的?听口音不像本地人，老家是哪里的？"当得知王女士是大连人时，她便很高兴地说："大连很美，我以前出差去过几次……"王女士也问道："那你在什么单位工作呀？"于是，她们便亲切地交流起来。等到就诊时，她们已是熟悉的朋友了，临走时，还互邀对方到自己家里做客。

这种融洽的聊天效果，表面上看是偶然的，实际上也有其必然的原因。只要善于观察，发现彼此的共同点，交谈就会顺畅地进行。

楠楠刚到公司上班，心里面有点儿紧张，和同事打完招呼，接下来就不知道该聊什么了。中午吃饭时，同事爱玲特别热情地和她聊了几句，突然问道："楠楠，你是财大毕业的吧？"

楠楠惊奇地说："是呀，你是怎么知道的？""你的手链很漂亮，而且是自己DIY的。去年财大特别流行这种DIY样式的手链。看，我手上也有一个几乎和你一样的手链。我也是刚从财大毕业的。"爱玲一口气说出了原因，还炫耀了一下自己手腕上的手链，确实和楠楠的非常像。

知道了她们是校友后，楠楠的拘束感立刻就消失了，而且和爱玲越聊越投机。

无论是在工作还是生活中，只要善于思考，掌握正确的方法，选对角度，就能找到共同点。比如一位老师和一位泥瓦匠，貌似很难找到共同点，但是如果这位泥瓦匠站在学生家长的角度，二者就可以就子女教育这一块交流看法。我们常说："生活并不缺少美，只是缺少发现美的眼睛。"同理，人与人之间并不缺少共同点，只是缺少发现共同点的方法与技巧。人们常用的发现共同点的技巧有察言观色、以话试探、听人介绍、探索揣摩等。针对不同的人，在不同的场合，采用灵活的方法，找到共同点，与陌生人无话可讲的局面自然就不难打破了。

说话分三点，更具条理性

一个人说话总是毫无逻辑、不着边际，即使说得再多，别人也很难明白他说的是什么。而如果能把想说的话分成一、二、三点，即运用"黄金三点论"，对方就会很容易理解你的意图。

"黄金三点论"，看似是一个专业术语，实际上我们对它再熟悉不过了。比如，学生"三点一线"的生活——宿舍、食堂、教室；时间段的划分——过去、现在、未来；事情的始末——开始、过程、结尾……

就说话技巧而言，"三点论"则是演讲界的万能模板之一。运用"黄金三点论"可以使我们的语言更具有条理性，更能突出重点，给观众留下深刻的印象。

一位新生代演员在众多竞争对手中脱颖而出，获得了最佳新人奖，以下是他的获奖感言。

"此时此刻,我真是百感交集,觉得有很多话想要和大家分享,不过我想用三个词来概括我此时的感受:

"第一个词是感谢。感谢大家对我的信任和支持,感谢所有为这部剧默默付出的工作人员,感谢我的老师……总之,我感谢生命中遇到的每一个人。

"第二个词是责任。虽然我还很年轻,但这并不意味着要逃脱责任。对于一个演员来说,我的责任就是竭尽所能为大家带来更好的作品。

"第三个词是行动。纸上谈兵终究使不得,作为一个演员,我更加明白行动的重要性,所以在以后的演艺道路上,我会脚踏实地,用作品说话,谢谢!"

这位演员用寥寥数语清晰地表达了自己获奖时的感受,相信每一位听者的脑海中都会不断回荡着这三个词:感谢、责任和行动。这便是运用"黄金三点论"的效果。

在日常生活或工作中,我们常常会听到这样的话:"这个事情呢,我想分三个方面来谈……""这种方法虽好,但是有三点需要注意……""要想顺利完成这个任务,我们需要这样做,首先……其次……最后……"毫无疑问,这些话都运用了"黄金三点论"。

不过,有时我们觉得"黄金三点论"所表达的主要观点有些分散，这时我们可以把零散的重点收集起来，总结出一个中心要点，这样，讲话的中心思想就会一目了然，并且有利于加深听者的记忆。

在一次产品推销会上，一位推销员这样介绍自己的产品：

"大家好！首先我要感谢一下主办方，能让我有这样一个展示自己公司产品的机会。其次要感谢现场的观众，是你们的热情让我有信心站在这里和大家一起分享我们的产品。大家知道，我们公司生产的手机一直受到广大用户的青睐，这是因为我们的产品质量有保障、服务最到位、价格最优惠。为什么这么说呢？下面我为大家详细解释一下。

"第一，质量有保障。我们公司采用的是德国进口的精密仪器、上等制作材料，并采用科学化的管理体系，严格按照质量体系标准执行，所以坚实耐用是我们手机的一大特点。

"第二，服务最到位。很多消费者担心购买了产品后售后服务不到位，对于这一点，大家完全不用担心，因为我们公司的售后已经遍布全国各地，哪怕是在一个小小的县城，也会有热情的服务人员接待您。

"第三，价格最优惠。'好用又不贵'是我们公司的重要理念之一，虽然我们的产品质量和服务都是一流的，但是手机的价格并不是最贵的，我们始终坚信只有质优价廉的产品才是客户最需要的产品。

"接下来,我为大家详细介绍一下我们今年的旗舰手机……"

上述例子中,推销人员在开始分点讲述自己的产品之前,先是用一句话概括了该公司生产的手机的主要特点:质量有保障、服务最到位、价格最优惠。这时就已经抓住了现场观众的心,然后详细讲述这三点内容,可谓深入人心,反响强烈。

以下是常用的"三点论"话术,仅供大家参考:

"我讲三点……"

"我讲三个例子……"

"我们分三个步骤走……"

"我就三个方面谈一下自己的心得……"

"我们目前有三个需重点解决的问题……"

"我就产品、市场和服务三个方面进行阐述……"

先结论后原因，对方会迅速理解

由于说话习惯，通常对于一件事情，我们总是习惯以流水账的方式讲述。就像小时候写日记一样，我们本来是想记录一件让人印象深刻的事情，但是翻开日记本时，却这样写："早上起床，吃早饭，学校集合……"写到最后才说大家被动物园中的大老虎吓了一跳。

很多时候，我们喜欢把重要的事情放在后面说，但是如果时间有限，或是对方根本不喜欢我们的长篇大论，我们就很可能会失去继续表达和展示自己的机会。而如果采用金字塔原理，让结论先行，然后再解释具体原因，便能突出说话的重点，让对方更容易理解。

下面有两个故事，你更喜欢哪一个版本呢？

版本A：

一年除夕，一位白发老人把两张红纸贴在门上，然后点燃了蜡烛和爆竹，吓跑了怪兽。哦，对了，这个怪兽常年居住在海底，头上长着触角。这个怪兽叫"年"，而且怕火光、红色和响声。每年除夕的时候，家家户户都烛火通明，贴上红纸，燃放爆竹。这是因为每到除夕，"年"就爬上岸来吞食牲畜、伤害人命、破坏庄稼。

版本B：

相传在古时候，有一个叫"年"的怪兽，这个怪兽头上长着触角，十分凶猛，平时深居海底，但是每到除夕，就爬上岸来吞食牲畜、伤害人命、破坏庄稼，人们为此担惊受怕。

这年的除夕，村里来了一位白发老人，帮助村民解决了这个问题：他在门上贴上了两张红纸，点燃了蜡烛和爆竹，"年"就被吓跑了。原来"年"怕红色、火光和炸响。于是，从此以后，每年除夕，家家都烛火通明，贴红对联，燃放爆竹。

同样一个故事，版本A让人摸不着头脑：为什么人们点灯火、贴对联、燃爆竹就把怪兽吓跑了？这个怪兽是怎么回事？人们为什么要这样做？看似是想要采用倒叙的手法讲故事，但是讲出来却毫无重点与逻辑可言。

而版本B则采用了金字塔原理，先讲述村里来了一位老人，帮人们解决了这个问题,再细讲老人是怎么做到的。相对而言,版本B的故事思路更清晰:哦,一个怪兽叫作"年",因为每到除夕就上岸伤人性命,所以人们想办法赶走了它。

对于一些复杂的话,最好采用金字塔原理,先说事情的结果,再分析事情发生的原因,这样便能有条理、有逻辑、有重点地把事情讲清楚。

经理让小李安排一个会议,小李说:"经理,王主任说他今天有事来不了;周总监出差了,明天晚上才能赶回来;赵主管说会议可以晚一点开,不过最好是在明天中午以后,因为在这之前,她没有时间。还有,明天的会议室被其他部门占用了,所以您看要不把会议安排到周四?"

经理听得一头雾水:"你重新理理,想好怎么说再来向我汇报!"

小李一头雾水地关上门出去了,心想:自己说的没错啊,该说的事一件没落下,不该说的话一句也没说,怎么就惹经理生气了呢?同事小胡的一句话点醒了他:"你讲了半天才建议把会议安排在周四,还讲了一大堆没用的,毫无逻辑,没有重点,难怪经理会生气。"

小李听后恍然大悟,把自己的话整理了一番,再次推门进来:"经理,我建议把今天的会议改到周四。因为王主任和周总监今天来不了,所以今天不行;而明天会议室又被占用,所以明天也不行。您看这样行吗?"

经理听完点了点头:"那就这样安排吧。"

越是复杂的事情,越需要先给出结论,这样才能让对方第一时间听明白你的讲话内容。金字塔原理不是什么高深的理论,先说结论,然后再讲述事情的经过,这样对方才会迅速理解你的用意,从而达到沟通的目的。

善抓关键词，掌握对方说话的重点

也许，我们都有过这样的经历，在听他人讲话的时候，我们会觉得自己就像是在茫茫大海上，又或是身陷迷雾中，毫无方向感。明明已经打起十二分精神，可还是跟不上对方讲话的节奏。

出现这样的情况，原因在于，我们总是抓不住别人说话的重点。抓不住别人说话的重点会使我们很难融入他人的谈话之中。那么，该如何抓住别人说话的重点呢？

这里我建议大家，在与他人谈话的过程中，要善于抓住对方话语中的关键词。那么何谓关键词呢？关键词都有这样的特征：描绘一些具体事实的字眼，透过这些字眼你能了解对方的兴趣所在，能感受到对方的情绪。或者说，关键词就是句子中去掉修饰，剩下的主干部分。

实际上，如果抓住了聊天中的关键词，就等于掌握了整个谈话的重点。比如，对方说"最近几天的天气实在是太糟糕了，不知道什么时候才能有个大晴天",这句话中的关键词就是"天气",这时你可以回应对"天气"的感受、看法,如:"是啊,每天连个太阳也见不着,早晚还挺冷。"这时,对方就会觉得你是在认真地听他说话,于是就会继续跟你聊起来。

那么具体该怎么做呢?很简单,只要在和对方聊天的时候,抓住对方话语中的某一个关键词,然后根据这个关键词表达一下你的想法、感受,或是讲述一些和关键词有关的事就可以了。这里有一些具体的技巧,大家可以参考。

1. 重复句尾关键词

与对方聊天的时候,如果对方说话内容的关键词在末尾,就可以用疑问句重复一次,这样对方就会很有兴致地和你继续聊下去。

甲:"昨天,一个朋友给我打电话,打了近一个小时。"

乙:"一个小时?"

甲:"是啊,他说他的心情十分糟糕,我一问才知道他被骗了。"

乙:"被骗了?"

甲:"对,他说他中午吃饭的时候收到了一条短信。"

乙:"一条短信?"

甲:"嗯,是骗子发来的,短信上说他中了一台笔记本电脑,于是……"

2. 延续核心关键词

在聊天的时候，对方的一句话中可能包含几个关键词，这时可以选取任意一个你感兴趣或是想要说的关键词来延续话题。

甲："今天真倒霉，被主管骂了，心情真是糟糕到了极点。"

（这句话中有三个关键词——主管、被骂、心情糟糕，选取一个即可。）

乙："因为什么事情？"

甲："都怪我粗心大意，没注意稿子中的错别字，差点儿闹笑话。"

乙："我也有粗心大意的时候，然后被领导批评，心情糟糕透了。"

甲："对啊，而且我觉得在公司被骂很没面子，一整天心情都不好。"

乙："我懂，我心情不好时特别想去购物，而且会疯狂消费，你也会这样吗？"

3. 寻找共同话题的关键词

人们都喜欢谈论自己感兴趣的话题，并喜欢将自己的知识、观点、看法和对方分享，如果能在谈话中找到共同话题的关键词，就能迅速打开话题，拉近和对方之间的心理距离。

甲："我晚饭后出去跑步了，绕着我们小区跑了三圈！"

乙："哦，你也喜欢跑步啊！我通常都是早上跑步。"

甲："早上我也跑步，不过时间太仓促。"

乙："其实你可以买台跑步机，天气不好时，在家里跑就行。"

甲："这个主意不错，可是我不大懂这个，你买了吗？"

乙："嗯，买了，我给你推荐一个吧……"

表达精准，远离不必要的误会

曾经听过这样一个笑话：

一个男子被判刑十年，监狱中的日子对他来说每一天都是煎熬，更别提十年了。由于待着无聊，他每天都对着墙壁自言自语。可是有一天，他突然发现了一只小蚂蚁，更有意思的是，这只小蚂蚁竟然能听懂他说话。于是，男子开始和这只小蚂蚁一起玩儿。就这样等到男子出狱的时候，这只小蚂蚁不但学会了倒立，还会翻筋斗，令他颇为得意。

男子出狱的第一天，朋友邀请他去酒吧，说是给他去去晦气，好开始新的生活。而他也准备向朋友炫耀一下他的小蚂蚁。到酒吧后，朋友为他点了一杯酒，这时他把蚂蚁从口袋里掏出来放在桌子上，得意地对朋友说："看看这只蚂蚁……"那酒保一看是一只蚂蚁，赶紧把蚂蚁拍死了，然后很抱歉地说："对不起，我马上给您换一张桌子!"

这个笑话告诉我们误会的产生往往是因为表达不清楚,如果这位男子说"你看,我的蚂蚁会跳舞",酒保听到后的第一反应将会是好奇,仔细察看一番,而不是把蚂蚁拍死。就像这个笑话所描述的一样,现实生活中我们常常会因为表达得不精准而使对方产生误会。

楚健到一家新公司去上班,在公司里结识了一位新同事,而且两个人住得比较近,又都十分喜欢钓鱼,所以渐渐熟络起来。一个周末,这位同事给楚健发了一条信息,邀请他一起去钓鱼,楚健回道:"不好意思,今天有事,不去玩了。"这位同事就拿起鱼竿自己钓鱼去了。可是等到晚上回来的时候,他打开手机一看,发现朋友圈被楚健"刷屏"了,一会儿是游乐场,一会儿是公园,一会儿又跑到了电影院。这位同事有点儿气愤,不是说有事不去玩了吗,怎么自己出去玩了?同事觉得楚健这个人说一套,做一套,所以后来渐渐疏远了他,而楚健还不知道自己得罪了这位新同事。

其实之所以产生误会,正是因为楚健表达得不准确,楚健的意思是不和同事出去了,但是没说自己不出去玩,而同事则理解成楚健因为有事,所以不能出去玩了。可见说话时一定要注意表达精准,否则一不小心就会产生不必要的误会。

那么,该怎样清晰、准确地表达出自己的意思呢?

1. 不要丢掉主语和关键词

在与人交流时,人们为了说话简洁,经常把句子的一些成分省掉,这样虽然听起来简洁,但是稍有不慎就会使人产生误解。比如,一个人说话结巴,挑中了一双鞋,说:"大,大。"于是售货员给他拿出了小一号的鞋,结果这个人还是说"大",售货员看了看这个人的脚说:"再小,你就穿不上了啊!"男子结结巴巴地说:"我,我是说,脚,脚大。"

可见,在说话时,不能为了说话精简而丢掉必要的成分,比如主语和一些关键词。

2. 尽量少用方言

常言道:"五里不同语,十里不同俗。"因地域、文化等的差异,同一个意思,各地方言的表述方式不尽相同,所以很容易让人产生误解。

在我国,有一些地区会把"孩子"说成"鞋子",所以不知道这一方言差异的两个人见面,就很可能会闹出笑话。

有一次在街上,甲碰到了新来的同事乙,热情地上前跟他打招呼:"你到哪里去呀?你一个人呀?你的鞋子呢?"乙纳闷地看着自己的脚，心想：我的鞋子不是穿在脚上吗？他怎么问我的鞋子呢？

其实，甲只不过是在问乙他的孩子去了哪里，怎么没跟他在一起罢了。

可见与人交谈时要想精准表达，就要少用方言，否则就会像上面一样闹出笑话，让人误会。

Chapter 2
高效简洁，废话连篇的话语谁都不喜欢

古语有云："言多必失。"话说多了没什么好处，冗长的话语不仅让人觉得厌烦，而且还让人听得云里雾里，摸不着头脑。凡是会说话的人，都会把复杂的话说得简单，而那些不懂简洁之道的人，就会把简单的话说得冗长、复杂，造成理解上的困难。

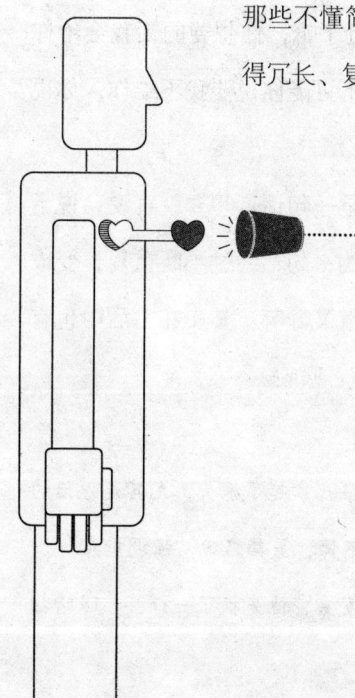

啰唆的语言让人困惑不解

在电影《大话西游》里，碎碎念的唐僧让人印象深刻，可谓啰唆的形象代言人，比如孙悟空在和他抢月光宝盒的时候，他说："你想要呀？你想要说清楚就行了嘛，你想要的话我会给你的，你想要我当然不会不给你的，不可能你说要我不给你，你说不要我却偏给你。"

这么长的一段话，意思其实就是一句话：想要就直说，说了就会给。但是啰唆的唐僧却把简单的一句话经过不断重复，变成了啰啰唆唆的一大段话，让人又好气又好笑。其实在生活中也有人常常犯这样的错误，说话喜欢重复、啰唆。

老梁刚刚当上车间主任，说话做事就拿起了派头，尤其是说话的时候，总是就一个问题重复、啰唆个不停，美其名曰"强调重点"。

一次厂里开职工大会，老梁上台发言，他先抿了一口茶，眼睛扫了台下员工一遍,才不紧不慢地说:"现在有些人讲话的时候总是喜欢重复,重复有什么好?你看我说话就不重复。不过话又说回来,说话做事不能全盘否定。所以我在这里强调一下,说话重复也是有原则的,该重复的时候就得重复,这是因为有的东西不重复,一些人就不重视。但是也不能总是重复,光重复,有人又会说你啰唆。所以我一直强调,开会的时候不要不重复,也不要光重复……"

老梁在台上唾沫横飞,台下的员工却昏昏欲睡,更有些听不下去的偷偷溜掉了。

故事中的老梁可谓说话重复的典范。本来一句话就能搞定——说话是否重复应该视情况而定。但是他偏偏说了一大堆,乃至最后,先前明白的人也听得糊里糊涂,而那些本就没有耐心听、听不明白的人,早已经产生反感。

除了说话重复,还有一些人在说话时总是喜欢长篇大论。其实冗长的话语不仅不利于观点的表达,而且还会引起别人的反感。世界著名演讲艺术家弗尔特说:"你应该时常说话,但不必说得太长,少叙述故事,除了真正贴切而简短之外,不讲为妙。"

一位语言学家做过一项研究,研究结果显示:人们的话语在45秒之内最容易被理解,最长1分30秒。因为如果按照1分钟讲280个字的速度来算,45秒钟就能讲210个字。超过这个限度听者就会感到冗长,超过2分10秒就更难被理解了。

要想说话言简意赅，我们就必须克服说话啰唆、冗长的毛病。那么，该怎样做到这一点呢？

1. 少说空话、套话

身在职场的人总是喜欢说一些空话、套话，比如"久仰久仰""早就听过您的大名，今日一见果然名不虚传""感谢领导，感谢公司，感谢大家给我这个机会"等，这些话如果不是必要的，那就少说为好。

2. 紧扣说话主题

有些人讲话时没有把握好主题，往往说着说着就跑偏了。比如，有些领导讲话，本来是要讲工作中出现的一些问题，但是刚讲几句就偏到了整个行业的现状上，然后又扯到公司的环境卫生上。总之，他们总是说到哪儿算哪儿，如果没有时间限制，就会有讲不完的话。为避免这种情况发生，在说话时一定要紧扣主题。

3. 避免说话重复

有些人说话重复不是故意为之。他们本来是想要强调一个观点，但是又害怕对方听不明白，于是就用不同的表达方式去反复重复这一观点，而且还会不断地追着对方问："你听懂了吗？"如果有这样的说话习惯，也应当注意。

话语精简，才更有力量

看看下面两句话，你更喜欢哪一句？

第一句话："一般来说，成功的概率多为50%，因为无论这其中有多少影响成功的因素，结果只有两个：要么成功，即达到你的目标；要么失败，即达不到目标。当然，在这之前你必须得有一个目标……"

第二句话："不赢就是输。"

这两句话都是在谈成功概率的问题，第一句话的意思是说"成功的概率多为50%"。这无异于一句空话，或者说是说话者安慰自己的一句话，似乎在告诉自己：只要做，就有一半的成功机会。而后又说，做一件事情要么达到自己的目标，要么达不到，这更是一句空话，因为对于任何一件事来说，只有成功与失败两种结果。

其实，把第一句话简单概述得出的结论刚好是第二句话：不赢就是输。这句话虽然简单,却更有力量,可以说是字字珠玑。

1995年3月初,迈克尔·乔丹复出,继续他的篮球职业生涯。为了宣布这一重磅消息,他的经纪人当时给乔丹准备了新闻发言稿,却被乔丹拒绝了。"我不喜欢这些稿件,"乔丹说,"我要自己来。"他随手抓过一张纸,写下了这样一句话:"I'm back.(我回来了)"

3月18日,迈克尔·乔丹正式发表他的回归声明,以"我回来了"来回应人们关于他职业生涯计划的疑问。就这样,这句简洁却充满力量的宣言成为各大媒体竞相报道的对象,在人们心中留下了深刻的印象。

简洁的话语最有力量,迈克尔·乔丹仅用简简单单的几个字就表现出了回归者的霸气,让人不得不为之叹服。言不在多,达意则灵。几乎所有演讲大师在演讲时都能做到字字珠玑,用最简洁的语言诠释语言的艺术。

一次,台北某学院举行毕业典礼,邀请著名作家林语堂参加。在他之前已经有几位颇有身份的演讲者进行了演讲,但这几位演讲者的演讲空洞无物、乏味冗长,可谓"懒婆娘的裹脚布——又臭又长"。当时台下的听众已经厌倦了这类没有新意的演讲，显得疲惫不堪。

这时，到林语堂演讲了，只见他快步走向讲台，提高嗓门说了这样一句话："绅士的演说应该像女人穿的迷你裙，越短越好。"说完，便径直走下了讲台。

台下顿时爆发出了雷鸣般的掌声，而刚才那几位口若悬河的演讲者则面红耳赤，连头也不好意思抬起来。

同样的还有这样一个故事：

在南北战争期间，葛底斯堡战役是其中最为残酷的一战，交战双方共损失五万多名兵员。战争结束四个月后，林肯总统到了这里。为了纪念在战争中阵亡的将士，林肯进行了一次演讲。这次演讲只用了十个句子，从上台到下台还不到三分钟，却赢得了15000多名听众经久不息的掌声。这次演讲也是林肯最著名的一次演讲，其演讲手稿也被珍藏了起来。时至今日，人们在许多重要场合都会经常提起或朗诵它。

那么，怎样才能像这些演讲大师一样在演讲时做到语言简洁有力呢？

首先，要对自己演讲的内容进行深层次的思考，理清其中的要点，抓住中心，这样在演讲时就不会出现拖泥带水、紊乱杂芜的情况，同时还要注意文字的推敲和锤炼，力求精简凝练，即一字不多，一字不少。

其次，在演讲时要尽量多用短句，少用长句。一般来说，长句子所含的信息量较大，结构较为复杂，一旦处理不好，不仅会使演讲者吃力，还会让听众吃不消。而短句则简洁明快、活泼有力。

用三个字说话，就能戳中要害

在武侠小说中有一种神奇的功夫，只要轻轻一点，对方就无法动弹，任你摆布，这种功夫就是点穴。简单说话的效果就像点穴一样，简简单单一句话，甚至几个字，便能戳中要害。

曾经有一个编剧向一位好莱坞导演推荐自己的剧本，导演递给他一张名片，示意他把剧本写在名片的背面。也许你觉得这位导演是在耍大牌，是在刁难人。其实，一个好的剧本浓缩成一句话并不是不可能的事，而那些情节复杂的烂剧本则无法用一两句话去概括，所以这位导演这样做既是对剧本优劣的考察，也是对这位编剧能力的考验。

其实，简单说话还可以更短，甚至可以短到三个字。在我们的生活中，处处充满了简单说话的"三字箴言"，如"对不起""没关系""我爱你""没听懂"……如果你能好好运用它们，你就会发现说话原来可以如此简单！

在谈判桌上，仅仅用三个字就能赢得一场谈判的胜利。我们来看看这是怎么做到的。

一次，甲、乙两家公司为某项交易进行谈判。在谈判之前，甲公司为了谈判成功可谓煞费苦心，搜集了诸多对自己有利的资料。而在谈判当天，甲公司代表一会儿发文件，一会儿放幻灯片，还请来了专家讲解数据和资料。最后甲公司代表得意扬扬地说："看看你们的报价吧，是不是应该调整一下了？"

甲公司自以为胜券在握，但是这时乙公司代表却不紧不慢地说了三个字："没听懂！"这三个字着实把甲公司代表气得不轻，想不到自己大费周折却根本没起到任何作用。生气归生气，谈判还是要继续下去，万一对方是真的没听懂呢？于是，甲公司又认真地把自己的谈判条件重新讲述了一遍。但是对方仍以一句"没听懂"推了回去。甲公司代表这次终于明白了：对方并不是真的没听懂，而是在装傻。即使知道了这一点，为了这项交易，甲公司还是硬着头皮把谈判进行了下去，但是为此付出的代价则是不断降低谈判条件，直到对方点头为止。

在这场谈判中，甲公司看似滔滔不绝，牢牢把握住了谈判的主动权，实际上乙公司人员"以不变应万变"的手法才着实高超，因为他们仅仅用"没听懂"三个字就赢得了这场谈判的胜利。这就告诉我们,在说话时简单一些才好,因为只有简单,才能减少话语中的破绽,才有利于谈判成功。

简单的话语最能打动人心,世上最动人的情话莫过于那句"三字箴言"——我爱你。在电影《大话西游》里,有一段刻骨铭心的情话:"曾经有一份真挚的爱情摆在我面前,我没有好好珍惜,等到失去后才追悔莫及。人世间最痛苦的事莫过于此。如果上天能再给我一次机会,我会对那个女孩说三个字:我爱你。如果要在这段感情前加个期限,我希望是一万年!"

这句经典爱情对白中,令我们感受最深的是"我爱你""一万年"这几个字。相信无论是哪个女孩子,当听到有人含情脉脉地对她说出这几个字的时候,都会被打动。所以在爱情里,并不需要那些天花乱坠的情话,朴实无华的"三字箴言"往往最能打动人心。

在生活中还有一句"三字箴言"——对不起。在拥挤的公交车上,经常会遇到这样的情形:一个人不小心踩了另一个人的脚,这个人马上抱歉地说"对不起",而被踩的人也礼貌性地回了一句"没关系"。当然,你也会看到这样的情形:一个人踩了另一个人的脚却没有道歉,说着说着两个人吵了起来,甚至大打出手。

发表演讲时要长话短说

一次,马克思的女儿小燕妮请教当时德国一位著名的历史学家:"你能将历史缩写成一本简明的小册子吗?"历史学家笑着答道:"不必,只要四句德国谚语就够了。第一,当'上帝'要某人灭亡的时候,往往先让其有炙人的权势;第二,时间就是一个巨大的筛子,最终会淘去一切历史的陈渣;第三,蜜蜂盗花,反而使那些花开得更盛;第四,暗透了,便可望得见星光。"

这位历史学家深谙语言简洁之道,他说的这四句话,每一句话都用巧妙的比喻对历史进行了深度的概括,让人对历史产生了清晰而深刻的认识,这便是语言精简的艺术。

要想做到语言精简,其中一个技巧就是长话短说,即删繁就简,把复杂的话简单说。而要想做到这一点,就得做好准备工作。

威尔逊是美国第二十八任总统,他的演说简短有力,很有艺术性和感召力。

有人曾问威尔逊:"准备一份十分钟的演讲稿需要多少时间?"

威尔逊说:"大约两个星期。"

那人继续问:"准备一个小时的演讲稿呢?"

威尔逊说:"一个星期。"

那人又问:"那要是准备两个小时的演讲稿呢?"

威尔逊脱口而出:"不用准备,马上就可以开始讲。"

该怎样理解威尔逊的回答呢?他的意思是,对于一个演讲者来说,他演讲的时间越短,准备的时间就越长。

如果你的准备工作不充分,或是根本没有时间去准备一场演讲,该怎么办呢?那就试试一句话演讲吧!一句话演讲可以开门见山,直接进入演讲主题。

德国著名诗人、戏剧家贝托尔特·布莱希特十分讨厌那些冗长单调而又没有多大效果的演讲。一次,有人邀请他参加一个作家的聚会,并让他致开幕词。原本布莱希特因为公务缠身,不想参加,但是举办人为了邀请这位大名鼎鼎的诗人想尽了一切办法。面对对方诚恳的邀请,布莱希特只好答应了。

到了开会那天,布莱希特准时到达了会场,并悄悄地坐在最后一排。不巧却被举办人看到了，于是他邀请布莱希特到主席台上就座。主持人先是讲了一些没什么实质性内容的贺词，然后高声宣布："现在，有请著名的诗人、戏剧家布莱希特先生为我们这次大会致开幕词！"

布莱希特站了起来，全场的目光都集中到他一个人身上。他快步走到演讲的桌子前，只说了一句话："我宣布，会议现在开始！"

在这个例子中，我们不能说布莱希特是因为准备工作做得不充分才这么说的。但是如果你的准备时间不够，确实可以这么说，因为像布莱希特这样简短的话，不仅能节省听众的时间，还能加快会议的进程，效果自然不错。

当然，如果你想让自己的演讲不落俗套，就要运用活跃的思维和高超的技巧去锤炼你的语言。

1903年12月17日，美国发明家莱特兄弟驾驶着人类历史上的第一架飞机，实现了人类遨游天际的梦想。之后他们到欧洲旅行，每到一处，当地的人们都会为他们举办盛大的庆功会。一次，他们到了法国，各界名流都来庆祝莱特兄弟的成功。在大会上，人们热情地邀请莱特兄弟说几句话，哥哥威尔伯·莱特推托不了，只好走上了讲台，不过他的演讲只有一句话："据我所知，鸟类中会说话的只有鹦鹉，而鹦鹉是飞不高的。"

这句话刚说完，全场掌声雷动，经久不息。

在这场演讲中，莱特完全可以大谈发明飞机的艰难过程，也可以畅谈在天空中飞行的感受，但是他并没有这样做，而是用一句话高度概括了创造的艰难和埋头苦干的精神，给人们留下了深刻的印象。

当然，长话短说并不是刻意去追寻一句话的演讲效果。如果你跟对方并不是很熟悉，刚开始交谈就直奔主题，势必会让人感到唐突，效果自然不会很好。而如果你跟对方比较熟悉，就可以使用这种方法。尤其在一些比较正式的场合，如商业谈判、会场发言、做报告等时，尽量做到长话短说，把冗长的客套话去掉，抓住重点，做到一针见血，那么你的演讲必定能给人留下深刻的印象。

说话绕来绕去，不如直言更显真诚

一个人在森林里迷了路，很可能转来转去又回到原来的地方，如果带的食物不充足，一直在原地兜圈子，后果可想而知。而在生活中，我们也不喜欢兜圈子。比如，一个朋友想请你帮忙，话题总是绕来绕去，不肯直言，直到你不耐烦地说："有话直说，干吗兜圈子？"对方才说明来意。此时，你很可能已经没了听他说话的兴致，更别提帮他的忙了。

文慧正要出门上班，电话铃声响了，打电话来的是一位许久不联系的朋友。

"最近怎么样？"

"还行吧。"

"那就好，咱们可有些日子没聚了。"

"还真是，要不找个机会聚一聚？"

……

十分钟以后,这位朋友还没有进入正题,文慧看看上班时间快到了,又想着这位朋友肯定有事,于是干脆直接问:"你是不是有什么事儿啊?"

"哪有,就是很长时间没见面,想跟你说说话呗。"

"嗯,那行吧,再晚我赶不上公交车了,见面的事之后再说吧。"

说着文慧就要挂电话,那头的朋友却急了,说:"你看你这人,上个班还这么急,迟到几分钟又不是什么大事。对了,说到上班,你们单位忙吗?"

文慧一听,这话里有话啊,怎么转到单位去了,不过她还是礼貌性地回道:"忙啊,任务多,人手又不够,忙死了。"

"这么忙,怎么不招几个人?"

"这不最近招人呢,不过招人急不得,你决定要,人家还要考虑要不要来呢。"

"怎么不来?我跟你说我那侄女大学刚毕业,刚好在家闲着呢,学的英语专业,正好合适。"

文慧到这里才明白,原来这位久不联系的朋友是因为这事啊!文慧看了看时间,二十多分钟过去了,心想上班肯定迟到了,不免责怪起这位朋友来:即使是找我帮忙,也不用这样兜圈子啊,还说什么叙旧。文慧越想越生气,于是说:"我们单位是缺人,不过不是谁一句话就能决定的,能不能进来就要看你侄女的表现了。好了,不说了,就这样吧。"说完没等对方回应,便挂了电话。

有些人说话办事总爱兜圈子,在他们看来这是一种委婉的表达方式,但是很多情况下不必如此。比如上面的事例中,文慧的朋友想帮自己的侄女找一份工作,其实只要简单的几句询问就可以了,作为朋友,文慧自然也乐意帮这个忙,但是这位朋友却始终在兜圈子,还以叙旧为借口,最终引起了文慧的反感。

对于一件事,如果你想要表达的是A,却非要绕过B,经过C,最后才切入正题,聪明的人可能会理解你的弦外之音,但是对于一般人来说,绕来绕去的话语只能让对方一头雾水,在心中生出一个巨大的问号。

委婉含蓄是一门说话的艺术,简洁直接也是一门说话的艺术。美国著名作家海明威的作品以精练、自然、朴实而著称,一次一位记者问他:"你那简洁风格的秘密在哪里?"海明威回答:"站着写。"继而又解释说:"我站着写,而且用一只脚站着。我采用这种姿势,是为了让我始终处于一种紧张的状态,迫使自己尽可能简洁地表达我的思想。"

在职场中,很多人都有这样的疑问:为什么自己明明是在为公司、为上司考虑问题,但是仍然受到责备?其实这很好理解,因为上司通常很忙，他们更懂得时间的宝贵。所以当你因为一些鸡毛蒜皮的事没完没了地絮叨，或是在一个话题上绕来绕去的时候，他们就会感到厌烦，即使你的建议有价值，也会被当作废纸扔到垃圾篓里。所以身在职场，尤其是面对上司的时候，兜圈子实在不靠谱。

有话直言是一种真诚的表现，无论是朋友、同事还是家人之间，都需要有话直言。有人总认为，有话直言未免太傻。其实静下心来想一想，我们一生中有多少时间来兜圈子？如果事事绕弯子，自己累不说，别人也会累。而有一说一的人，则能让人在最短的时间内接收到最有用的信息。一个是浪费时间的人，一个是节约时间的人，你说哪个更傻？

冷静表达，说话要有逻辑

一天中午，四岁的东东忽然一路小跑上了楼。妈妈正在做饭，看到东东着急的样子还以为出了什么事，于是赶忙放下手里的活，问东东："东东，怎么了这是？"东东看到妈妈着急的样子，也开始紧张起来："妈妈，我……看到……一个……"看着东东半天说不出一句话，妈妈着急了，说："别急，慢慢说。"而东东却一句话也说不出来。

我们常说"心急吃不了热豆腐"，说话也是一样。心里一着急，说话时就会吞吞吐吐，半天说不出一个字，不仅自己着急，听我们说话的人也着急，所以遇到急事时更应慢慢说。

小孙在一家公司车间里当质检员，公司年会要表演节目，因为小孙外形好、嗓子不错，所以车间主任就推荐他当了报幕员。

可是年会开始前一天,车间主任告诉小孙,总公司的领导要来,所以这次年会一定要办得漂漂亮亮,不能有一丝差错。小孙在车间主任千叮咛万嘱咐后,倍感压力。

等到当天年会快开始的时候,公司的领导又找小孙谈了几句:"小孙啊,这次年会十分重要,你要把这个头开好,千万不要搞砸了啊!上台的时候一定要得体大方,千万不能紧张,待会儿……"领导絮絮叨叨说了十来分钟,小孙一句话也没听进去,脑子里嗡嗡响。

等到上了台,看着台下的观众,小孙更加紧张,战战兢兢地拿出节目单一看,差点没晕过去。原来因为紧张,他竟然把一张白纸拿了出来,这下更急了。小孙想起好像是有一个吹笛子的节目,于是便说:"下一个节目,吹独子……不是,是独子笛奏……不对不对,是笛子,笛子……"台下的观众窃窃私语:"这到底是什么节目?""好像是笛子独奏吧?"听着台下观众的议论,夹杂着哄笑声,小孙别提多难堪了。

有些人就像小孙一样,遇到大事、急事总是十分慌乱。其实无论遇到什么急事,只要慢慢说,就能更好地体现出简洁语言的魅力。这里的"慢"不是指说话时一字一字地说,而是在开口之前要谋定而行、不急躁,即说话的前奏要慢下来。

《三国演义》中有一个场景——青梅煮酒论英雄，说的是曹操一直对刘备存有戒心，于是设宴邀请刘备，一探虚实。席间正值天空乌云密布，曹操问刘备当今天下谁是英雄，刘备列举了几个人，曹操一口否决，并说："当今天下英雄，只有你和我两个！"刘备听后大吃一惊，拿在手中的筷子掉到了地上。刘备这时心中已经十分惊慌，恰在此时，空中响起了一声巨雷，刘备趁机解释说："这雷声太突然了，实在让我害怕，才把筷子掉到了地上。"曹操觉得刘备如此胆小怕事，便有些看不起他，于是放弃了除掉刘备的打算。

在这场心理博弈中，表面上是曹操赢了，但实际上是刘备技高一筹，成功化解了自己的危机。其实刘备心里十分慌张，但是他稳住了心神，并没有在情急之下失言、失态，这得益于他强大的心理素质。我们常说，遇事要冷静，紧要关头只有冷静才能化解危机，这个故事便很好地诠释了这一点。

赵忠祥曾说："你讲得越快，人们能听懂的就越少。"所以无论遇到什么事情，在开口说第一句话之前都要学会放慢自己说话的节奏，告诉自己不能慌，这样才能把你的意图正确表达出来。

Chapter 3
优质提问，对方才能做出有效答话

你懂得提问的艺术吗？为什么有的人能通过提问获取有用的答话信息，而有的人却只得到一大堆没用的答案？为什么有的人能通过提问迅速和对方攀谈起来，而有的人根本得不到对方的回应？其实是你不懂提出优质的问题，所以你的提问才没有任何价值，也没有任何效果。

本章主要介绍了在沟通过程中常出现的几种好的提问方式，能助你把话说到点子上。

掌握话语主动权，关键要主动提出问题

在一场谈话中，如果你掌握了话语的主动权，就可以充分表达自己的想法，成功地说服他人，把自己的产品推销出去……而想要掌握话语的主动权，首先要从主动提问开始，正如一位哲人说过的那样："只有在提问的那一刻，你才掌握着谈话的主动权。"唯有主动提问，才能更容易了解他人内心的真实想法，从而达到你期待的效果。

客服："您好，请问您想要咨询什么问题？"

客户："我的流量套餐是一个月300M，但是我看到短信上说又多出100M的流量，我想问一下，这个流量是全国通用的吗？"

客服："您稍等，我帮您看一下。您好，先生，您说的这个流量是省内通用的，不是全国通用流量。请问您还有什么别的问题吗？"

客户："现在的智能手机太费流量了，以前一个月30M都用不

完，现在300M都不够用……"

客服："确实，手机更加智能了，也更加费流量了，您是想换一个流量套餐吗？"

客户："嗯，是的。"

客服："请问您是经常在省内，还是经常在省外？"

客户："省内，有时公司出差会到省外。"

客服："您的流量资费预算是多少呢？"

客户："不能太贵，差不多一个月三十元就可以了。"

客服："嗯，好的，先生，您可以听一下这个套餐，很适合您……"

客户挂了电话，给了客服人员一个好评。

通过主动提问，客服人员可以更好地了解客户的需求，控制谈话的细节，所以那些经验丰富的客服人员总是会通过一些有针对性的提问来逐步实现自己的沟通目的，即根据客户的需求提供更好的服务。

如果你是一位推销人员，在和客户沟通时直奔谈话主题，往往很难打动客户的心。其实很大程度上是因为你没有了解客户的真正需求。如果你懂得提问的艺术，通过主动提问，了解客户的需求后再与客户沟通，相信结果就会大有不同。

当然，主动提问也不是随便发问，你可以试试"三步提问法"，即"什么""是什么（具体）"和"为什么"。

一天早上,一位老太太提着篮子到菜市场买菜,在经过一个卖水果的小摊时停了下来,卖水果的小贩问:"您来点儿水果吗?"

"都有什么水果?"老太太随口问。

"苹果、香蕉、葡萄、李子、桃子……"小贩开始介绍起来。

老太太看了看李子,摇摇头走开了。没走几步,老太太来到了另一个水果摊前。卖水果的小贩问道:"您买点儿什么?"

"有李子吗?我想买点儿李子。"老太太说。

"您看看,我这有好几个品种的李子,您买什么样的?"小贩继续问。

"我想买点酸李子。"

"别人都是买又甜又大的李子,您为什么要买酸李子呢?"小贩非常好奇地问。

"我儿媳妇怀孕了,想吃点儿酸的。"

"老太太,您对儿媳妇可真好!儿媳妇想吃酸的,就说明她想给您生个孙子!"

老太太听了合不拢嘴,买了一些李子,愉快地走了。

故事中第一个小贩急于推销自己的水果,一上来就大肆介绍自己的水果品种多么齐全,但是老太太只是想买一些酸李子而已,这位小贩没有了解顾客的需求,自然什么也没卖出去。而第二位小贩却巧妙地利用"三步提问法"主动提问,将李子卖了出去。

在谈话的过程中，面对别人的提问，我们不能总是被动地回答，尤其是在没有弄清楚对方提问的真正目的的时候，盲目地回答毫无意义。如果你是一位销售人员，还会因此丢掉一笔订单。这时，你大可主动把对方的问题丢回去。

顾客："请问这个布料还有其他颜色吗？"
销售员："您最喜欢什么颜色的布料呢？"

顾客："你们的衣服都是这样的款式吗？"
销售员："您喜欢什么款式的衣服？"

对于上面的问题，如果销售人员大费周折地介绍布料的其他颜色、衣服的其他款式，就很难弄清楚客户真正的需求，甚至会因为喋喋不休而使顾客感到厌烦。而通过巧妙地反问，主动去了解客户的需求，然后再引导客户朝你希望的答案靠拢，就能获得谈话的主动权，既节省了你的时间，又能达到想要的效果。

用封闭式提问摆脱兜圈子的烦恼

通常情况下，当我们想让某人对某件事做出明确回答，或者促使对方下定决心时，有多种提问方式，比如，以比较温和的态度请求说："你觉得……如何？"但有时候，为了不给对方留有摇摆或动摇的余地，而想让对方直接且由衷地回答问题时，采用封闭式提问的方法，效果最佳。

所谓封闭式提问，就是缩小回答问题的范围，或者对回答的内容进行一定限制，也可以在提问时给对方一个框架，让对方在有限的答案中进行选择。这样的提问方式可以让回答者按照指定的思路去说，而不至于跑题。

孙雨与朋友合伙在市中心的黄金地段开了一家咖啡店，主要销售咖啡和茶，让他郁闷的是，该店自开业以来生意一直不甚理想。孙雨觉得老这样下去肯定不行，便找了做过市场营销的朋友到店里体验一把，看问题究竟出在哪里。

他的朋友当天就以一个普通顾客的身份来到店里，服务员很热情地迎上来，问道："先生，请问需要来杯咖啡吗？"这位朋友看了服务员一眼，说"不需要"。紧接着，服务员又问道："那泡壶茶怎么样？"孙雨的这位朋友没有多说什么，就点了一壶铁观音在那里独自品尝，顺便观察服务员对周边其他顾客的服务。

第二天，孙雨很早就来到了店里，开始营业之前，给所有服务员开了一个会，并让他们把对顾客的询问统统改成这样："您好，请问您是喝咖啡还是喝茶？"原来，孙雨的朋友体验完之后，对环境和产品都给予了较高的评价，唯有服务员的询问方式让他有点儿不舒服。孙雨根据朋友的建议调整了服务员的询问方式没多久，小店的营业额就有了明显的提升。

其实，小店服务员最初的询问方式效果之所以不佳，主要是因为他给一般的顾客提供了回答否定的借口。后来采用的询问方式使选择增多了，把小店的产品都覆盖到了。一般情况下，这种选择式的问题，可以有效限定顾客的注意力，让他们在限定的范围内做出选择，这样的话，主动权就掌握在服务员手里，而非掌握顾客手里。

在用封闭式方法提问的时候，我们也可以通过一些控制潜意识的方法，让对方的思路朝着我们期待的方向走。说到这个方法，就不能不提一个很有名的心理试验——AB箱试验。

试验者先让听众想象一下，在他们面前摆放了两个"箱子"，分别以"A"和"B"代称。然后，试验者用左手和右手分别比画了一下A、B两个箱子的轮廓以及它们所在的位置，随后放下双手。紧接着，试验者在让大家凭直觉想象其中一个箱子时，同时举起了自己的右手，并指向"B箱"所在的位置。接着，试验者对听众说道："现在请大家直接想象一下你们脑子里出现的箱子，并告诉我是哪一个。"听众几乎异口同声地回答："B箱。"

在这个试验中，听众们自己或许认为之所以选择B箱，只是源于第一意识，与他人无关。可实际上，并非如此，因为试验者通过这样一个暗示性的动作，控制了听众的潜意识，并引导了他们的选择，只是对方没有觉察到而已。

这种控制潜意识的方法，其实在我们的日常生活中很常见。比如，周末你约了一个朋友到市中心的一条美食街上打算吃火锅，结果有两家都挺不错的，不过你更倾向于一家规模虽小但整体格局比较温馨的店。此时，不妨利用"AB箱试验"，对朋友说："前面那家火锅店规模大，更显时尚，这家火锅店规模小，更显温馨，你觉得去哪家好？"说完之后，不要把指向旁边小规模火锅店的那只手放下来，相信你的朋友肯定会说去这家小规模的火锅店。

再举一个销售方面的例子。假如你是一家房地产的客户经理,在和一个客户谈完准备签约时,不妨把两份合同都摆在客户面前,并问他:"这里有两份合同,一份是分期付款,一份是一次性付清,你看你选择哪一种?"当你这样说的时候,看着对方的眼睛,并把手放在一次性付清的合同上。此时,不要额外给客户施加压力,让他平心静气地选择,这时有些客户就会选择一次性付清的合同。

另外,在运用封闭式提问方法的时候,最好把你更喜欢的那个结果放在后面,或者在讲到这个选项时放慢语速,或者把语调上调。这样一来,客户会无意识地偏向你所期望的那个结果。

直接提问，往往会得到有效回应

直接提问总给人一种唐突的感觉，所以很少有人采取这种直截了当的方法。但事实上，一门心思给语言披上华丽的外衣的人，往往会错失机会。

一个小镇上，有一条街的全部商户都是做绸缎生意的，竞争十分激烈。虽然每天过往的顾客络绎不绝，可是真正进店里消费的却不是很多，很多人都是看一看就走了。在街东角新开了一家店，店主姓王，新店开张本来是一件喜庆的事，可是这位王掌柜却愁坏了，因为开张几天了，还没有一位顾客光顾，但是对门那些老字号的生意却十分红火。

有人对王掌柜说："王掌柜，做生意你得让大家看到，让大家知道你在做什么生意。把你的绸缎挂出去，人们看到了自然会买。"王掌柜一听，急忙找人在外面搭起几根竹杠，把绸缎挂了出去,吆喝了起来:"快来看看哟,物美价廉的绸缎。"王掌柜的嗓子都喊哑了,可是买的人还是很少,大多数人只是过来摸摸、看看,摇摇头就走了。

王掌柜不知道为什么自己的绸缎卖不出去,十分苦恼。这时恰巧一位朋友经过这里,对王掌柜说:"为什么不直接去问问人们需要什么样的绸缎呢?也许你卖的并不是他们所需要的,即使你的丝绸再华丽,他们也不会买的。"王掌柜点了点头,若有所悟。

不一会儿,一位妇人过来看绸缎,王掌柜问道:"您要买什么样的绸缎呢?"这位妇女答道:"我本来想买薄一点、花纹多一些的绸缎,可是你这里的绸缎太厚了。这里四季如春,即使是冬天,也穿不了你这么厚的绸缎。"于是,妇人摇摇头走了。王掌柜这才明白,原来生意不好是因为自己家绸缎的料子太厚了,于是立即换了一批薄一点的绸缎挂在了外面,果然,生意渐渐好转。

很多时候,如果话说不到点子上,即使说话再动听也没有效果。就像是这位王掌柜一样,人们需要的是薄一点的绸缎,他却把人们根本不需要的厚缎子挂了出去,即使他再吆喝,人们也不会买。

很多销售员为推销不出去产品而苦恼,其实你可以问一下自己这几个问题:我询问过客户的需求吗?为客人提供服务时我是否直率地要求对方给自己一个满意的价格?我是否真诚地询问过对方怎样才会认可自己的服务?

有一位图书推销员,在见到顾客后,她总是直截了当地提出三个问题。

第一个问题:"如果我送给您一套提高个人效率的书籍,您打开书发现内容十分有趣,您会读一读吗?"

第二个问题:"如果您读了之后非常喜欢这套书,您会买下吗?"

第三个问题:"如果您没有发现其中的乐趣,您把书重新塞进这个包里寄回给我,行吗?"

就是凭借这三个问题,这位图书推销员获得了巨大的成功。后来,这三个问题被该公司的全体推销员采用,这家公司的业绩也因此蒸蒸日上。

如果我们能在提问的同时给出问题的答案,而这些答案正好是对方所需要的,那么我们的提问就成功了。

一位推销员在见到一位客户后这样说:"我叫××,是××公司的销售员。我可以肯定我的到来不是为你们添麻烦的,而是来与你们一起处理问题,帮你们赚钱的。请问您对我们公司了解吗?"

看到客户不说话,推销员继续说:"我们公司已有二十多年的历史，在这个行业内，我们公司规模最大，我们的产品占有30%的市场，其中大部分都是回头客。对于您来说，这些也正是您的公司所需要的。"

这样，一个简单的自问自答，不仅会吸引对方的注意，还会让对方迫切地想知道他过去的客户得到了哪些利益，而自己将会从中得到哪些好处。所以谈话也顺利展开了。

问题不需要伪装，直接提问就可以了。如果你想见某人，就拿起电话打给他，诚意地邀请对方；如果你遇到了困难需要朋友的帮助，就直接真诚地提出来；如果你想要加薪、提升职位，就直接找上司沟通。要记住，问题不说出口，你只会与机会失之交臂，而简单直接的提问，不一定会得到对方的有效回应，但是至少为自己争取了机会。

了解对方的好奇心,引导他主动提问

在某一年的愚人节那天,电视中出现了这样一则广告:不能PS,不能化妆,不能整容,如何让一个人看起来更美?然后屏幕下方仅有这样一句话:4月8日揭晓悬念。这个被网友们称为"史上最难话题"的广告掀起了轩然大波,大家纷纷想知道这家以传统家电制造为主的企业究竟在卖什么关子。

这则广告其实是充分利用了消费者的猎奇心理。如果你听过评书,就会发现,每当一回结束的时候,说书人都会抛出一句"欲知后事如何,请听下回分解"。由于好奇心,我们想知道后来发生了什么,于是一面猜想着后面的故事情节,一面带着疑问去听接下来的评书,直到听完为止。

这就给了我们启迪,在提问的时候,如果你能让对方主动问我们"后来呢",就说明对方对我们的话已经产生了兴趣。而如果你是一名销售员,也许这个方法能帮你拿下一笔大订单。

张铭高中毕业后就在大城市打拼，转眼五六年过去了，他已经成了一名销售经验丰富的房地产销售人员。每当有难搞定的客户的时候，只要张铭出马，定能摆平，因为在这几年的摸索中，张铭已经总结出了一套提问技巧。

一天，一位中年男子说要买房，新来的销售员小张带他去看房，可是挑来挑去，这位男子不说买也不说不买，让人捉摸不透。第二天，这位客户又来了，小张试了几次都没有拿下这位客户。张铭走过去说："先生，您好，看您的样子已经在这里打拼了好些年了吧？"

"嗯，不错。"男子点了点头，看了眼张铭。

"我记得我那时候高中毕业，因为没有考上大学，便来到这里打拼。刚来这里的时候，还坐反过好几次地铁。在大城市也没什么朋友，我真的不知道该怎么生存下去。"说到这里，张铭刻意停顿了一下。

"后来呢？"这位男子忍不住问道。

"后来我遇到了一位销售员，他做房地产的，帮我介绍了这份工作，我们也成了朋友，这样我才能在这里勉强生存下来。"

"哦，原来是这样，也真是不容易。"男子颇有感慨地说。

"是啊，赚钱真的很不容易，所以如果是我的客户，我就会为他们挑选一些性价比很高的房子。您看看您需要什么样的户型呢？"

"嗯,要三居,最好外面的阳台要宽敞一些……"

就这样,张铭带着这位男子看了很多户型,最后成功地卖出了一套房子。

当你讲一件事情,讲到一半就戛然而止的时候,听者自然会好奇地问你:"后来呢?"张铭就是很好地利用了这一点,先是感同身受地表达了在大城市打拼的艰辛,激起客户的兴趣,然后在为客户解答疑问的过程中让彼此产生共鸣。

那么,我们该如何让对方提出问题呢?其实很简单,你可以给对方讲一个故事,其间停顿几次,每次停顿的时候观察对方,如果对方问你"然后呢""后来呢",就说明他已经被你的谈话吸引了。如果他没什么反应,或是把话题扯开,则说明你的话题并没有引起他的注意,这时就要换一种方式把你刚才说的事情再讲一遍,比如:"我之前有一个同事,他工作一直很努力,为人老实,可是有一天他突然辞职了,与此同时,公司里的一份档案资料也消失了。"这时对方一定会情不自禁地问:"后来呢?"

抓住关键进行提问，主题才不易偏离

著名物理学家爱因斯坦曾说："提出一个问题比解决一个问题更重要。"但是提出一个好问题谈何容易，我们经常可以看到一些提问受挫的人埋怨："昨晚没睡好，所以今天的提问才如此糟糕。""对方也太难沟通了，问三句答一句。""今天心情很糟糕，所以问问题时有点儿鲁莽。"

其实这些人只是在为自己找借口罢了，这样的人通常会把责任归咎于他人，自己却不能清楚地认识到问题的关键所在，所以提出的问题模模糊糊，得到的回答当然也是模糊的回答。要想在提问时不模糊，我们就必须抓住问题的关键，否则很可能会被对方牵着鼻子走，忘了自己本来的想法和目的。

一个年轻人想买一辆汽车，但是自己的钱不够，想要跟父亲借点儿，于是对父亲说："爸爸，我想买一辆车，但是钱不够，能借我点儿吗？"

父亲："你考驾照了吗，就想买车？"

儿子："考了，驾照已经拿到手了。"

父亲："你为什么要买车呢？"

儿子："上班方便些，不想挤公交、地铁。"

父亲："你刚上班，钱挣得也不多，买车的事先缓缓，我送你上班吧，或者你开我的车。"

儿子："我才不想开你的车呢，又旧又笨重，还很费油。"

父亲："车是旧了点儿，但起码能代步吧？"

儿子："能是能，但是开出去……"

父亲："怎么，开我的车还怕给你丢面子？"

儿子："我就是不想开你的车，我要自己买一辆。"

就这样，父子两个人因为买车的事吵了起来。

其实这位年轻人只是想向自己的父亲借钱，最后却由"借钱"偏到了"面子"问题上。这是因为这位年轻人从始至终都没有抓住问题的关键——借钱，而是一直被父亲牵着鼻子走，最后只能和父亲吵起来。如果这位年轻人能以"借钱"为出发点去提问，比如问："爸爸，我能借10万块钱吗？"这时父亲一定会因为数目过大而反驳，这样儿子便能讨价还价，最后借到钱。

那么，该如何抓住提问的关键呢？让我们来看下面这个例子。

一位游戏软件推销员去推销游戏软件，一进门，他就说："先生您好，这是我们公司最新的游戏软件，里面集合了经典游戏和当下最流行的游戏，您要看一看吗？"

客户说："我都这么大的人了，还玩什么游戏，不需要。"推销员碰了一鼻子灰，回去了。

第二天，又有一位游戏软件推销员去推销游戏："您好，这是……"还没说完，客户就打断了他的话："不用了，我这个年纪不玩游戏，你请回吧。"这位推销员听后，并没有走，而是问了句："您的孩子现在是上幼儿园吧？"

"是的，已经上大班了。"

"这个阶段正是孩子智力开发的重要时期，我们设计的这些游戏有助于提高孩子的智力。"说着，便给客户演示起来。

客户看完后，有一点心动了，不过还是有点儿犹豫。推销人员说："现在是互联网的时代，孩子学习也不能仅限于书本上的知识，而是要与时俱进，您觉得呢？"

客户听完后点了点头，买下了这款游戏软件。

第一位推销员没有找到问题的关键所在，而是大肆吹捧自己的游戏软件，所以碰了一鼻子灰。而第二位推销员则找到了问题的关键所在，所以最后成功地卖出了自己的产品。

从中我们不难发现，要想找到提问的关键，就要把提问的目标和对方的需求紧密结合起来。因此在提问的时候,我们要善于寻找对方的需求,并根据对方的需求来提问题,这样便能问到点子上。

Chapter 4
回话本事,让你避免当话题的"终结者"

有问就有答,回答问题也是一门艺术。如果你不想自己总是答非所问,不想在回话的时候总是毫无逻辑、弯弯绕绕、含糊其词,不想当话题的"终结者",就需要学习一些漂亮的回话技巧。

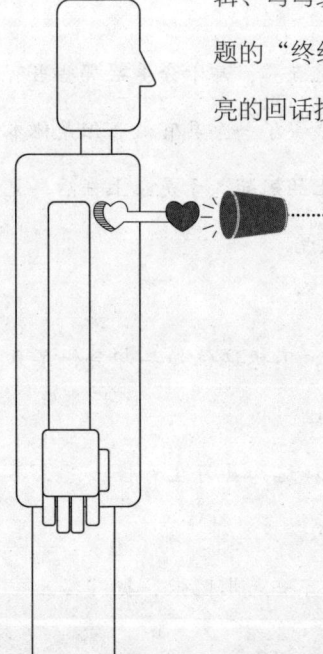

理清问题,避免答非所问的尴尬

要想漂亮地回答别人的问题,我们首先要把对方的问题搞清楚,这样才能有的放矢,避免答非所问的尴尬。

古时候有一个人,虽然胸无点墨,却十分羡慕那些当官的文人。一次偶然的机会,他用银钱买了一个县官做。但是他本身是一个粗人,哪里懂得那些官场上的规矩,于是在上任后拜见上司的时候总是战战兢兢,话都不敢说。

上司问他:"贵县风土如何?"

其实上司问的是风土人情,不想这位知县却会错了意,答道:"本县不见大风,也不刮黄土。"

上司听了先是一愣,心想:这知县好生奇怪,怎么答非所问?只好继续问:"那黎庶如何?"

知县见上司神色不对,就有一点儿慌张,把"黎庶"听成了"梨树",于是脱口而出:"梨树倒是不少,可还没到结果的时候。"

上司一听,这知县明显是在胡说,也太不把自己这个上司放在眼里了,因此十分生气,喝道:"我什么时候问你梨树、杏树的,我是问你百姓怎样?"

县官已经汗如雨下,心想:白杏?原来上司是问这个啊,我这个脑子。他自以为这下想明白了,连忙回答:"白杏不多,只有两棵,红杏倒是不少。"

上司听后大发雷霆,一手掀翻了桌子,一手指着县官骂道:"什么梨树、杏树,我是问你的小民。"

县官已经慌极了,以为上司问自己的小名,赶紧答道:"大人息怒,小的小名不大好听,叫'狗子'。"

不想话一说完,这位上司就气晕了过去。

故事中的上司仅仅问了几个简单的问题,知县却一直答非所问,结果闹出笑话。由此可见,在回话前,唯有把问题搞清楚,才能保证回话的准确性。

不过,把问题搞清楚也不是一件容易的事情,尤其是那些弦外之音,如果不仔细辨别,便无法知之意途。

小王是公司里的技术员,为人老实,又是老板的同乡,所以老板出去的时候总是带着他,技术部的其他技术员对此颇有微词。一次,公司有一个大项目,需要到美国出差,老板想带上小王。不过因为是大项目,大家都想参与,所以老板的压力有些大,既想带小王去,又想堵住其他员工的嘴。

于是一天,老板当着大家的面问小王:"这次去美国的任务可不轻,小王,你的英语口语不错吧?"小王以为老板只是随口一问,也就没有放在心上,便谦虚了一下:"哪里哪里,一般般啦。"

没想到话音刚落,一个个毛遂自荐的声音就响了起来:"老板,我的英语口语很好,一定能胜任这次的任务!""我的口语也没问题,我还经常和外国人交流呢。"

小王这才明白老板的话外音,原来老板是想给自己一个机会,可惜他就这么错过了。

不论是简单的提问,还是另有深意的话外音,都需要我们把问题搞清楚。要想做到这一点,我们应该遵循以下几个原则。

1. 正确判断提问的类型

通常情况下,他人提的问题无非以下三种类型。

第一,单纯事实的提问。例如:现在几点了?你这个月的绩效是多少?你的英语水平怎么样?

第二,主观意见的提问。例如:这部影片怎么样?这件衣服漂亮吗？你觉得这份工作怎么样？

第三，需要论证的提问。这类提问大多是生活中一些重要的问题。例如：上大学应该学什么专业？毕业后该找什么样的工作？这两份工作哪份更适合我？这两个方案哪个更好？

2. 把握正确的回答思路

针对以上三种情况，我们可以整理出正确的思路，给出问题的答案。

第一，单纯事实的提问有固定的答案，不用掺杂自己的观点。比如对方问几点了，就要回答确切的时间，而不要答非所问，如"现在还早"；对方问你的英语口语怎么样，要如实回答"正常交流没问题"，而不是回答"一般般"。

第二，主观意见的提问没有固定答案，正如"一千个读者就有一千个哈姆雷特"一样。所以对于主观性的问题，我们可以给出自己的主观答案。需要注意的是，提问者提出此类问题往往是为了获得你的个人偏好，比如你喜欢穿的衣服、吃的东西等。或是获得你的支持，比如她问你一件黑色的裙子怎么样的时候，如果你说你也喜欢，她就会因为得到你的支持而感到十分高兴。

第三，需要论证的问题也没有固定的答案，而且各种答案之间有好坏之分。回答这类问题的时候，需要思考得更多，在各个答案之间权衡，做出比较好的回答。

回话的前后顺序要有逻辑性

我们平时说话时很少注意说话的顺序,其实说话的顺序不同,其表达的意思也大相径庭,甚至截然相反。

据说,著名教育家陶行知先生在世的时候,有人看到他事业坎坷,于是送给他一句话:"屡战而屡败。"陶行知听后,笑了笑说:"不对,这句话应该改为'屡败而屡战'。"

纵然"屡战而屡败"能形容陶行知先生的坎坷历程,但是"屡败而屡战"更能体现他不怕困难的顽强精神。

如此看来,颠倒语序,语意截然不同。如果我们在回话时注意回话的前后顺序,则往往会得到意想不到的效果。

曾有两个教徒在做祷告的时候偷偷吸烟,正好被牧师看到。牧师问第一个教徒:"你刚才是在吸烟吧?"教徒诚恳地回答:"是。"结果这位教徒被牧师狠狠地痛斥了一顿。

牧师又问第二个教徒："你刚才在吸烟，是吧？"

教徒回答："是。"

正当牧师要大发雷霆的时候，教徒连忙问："在祷告时不能吸烟，是吧？"

牧师严肃地说："当然不能。"

教徒又问："那么在吸烟的时候可以祷告吗？"

牧师想了想说："可以，任何时候你都可以祷告。"

教徒说："对啊，我刚才就是在吸烟的时候祷告啊！"

牧师听后，笑了笑说："是的。"

于是，这个教徒免于责罚。

两个教徒都在祷告时吸烟。前者说在祷告时吸烟，这是对上帝的不虔诚，因此受到了责罚；而后者说在吸烟时祷告，则体现出这位教徒比较勤奋，说明他对上帝是忠诚的。显然后者答话的巧妙之处就在于他颠倒了语序，使得话的含义截然不同。

在谈话时，如果我们不注意逻辑性，就很容易让听者不知所云，弄不清你到底想要讲什么，你的重点在哪里，甚至还会因此产生一些不必要的误会。

一天傍晚，一位母亲正在家里做饭，这时电话响了，电话里传来一个声音："您好，请问您是小凯的母亲吧？"

"嗯，请问您是？"这位母亲有点儿担心自己的孩子了。

"我是小凯的班主任，今天我们学校组织出游，在过一个十字路口的时候，小凯……"

听到这里，这位母亲以为小凯出了什么事，马上挂了电话赶到了学校。一到学校才知道是一场误会，原来小凯在过马路的时候捡到了一个钱包，并把钱包还给了失主，刚才班主任打电话是想表扬小凯。

我们可以看到，虽然这位老师是好心，但是表述方式不恰当。其实应该先把重要的内容放到前面说："您好，我是小凯的班主任，首先要表扬一下小凯……"然后再详细述说事情的经过。

那么，如何才能让我们的话语前后有序呢？这里有三点需要注意。

首先，我们要保证回话的条理性。这就需要我们在回答对方的问题之前要想好先说什么后说什么。我们可以先列一个提纲，然后采用"第一……第二……第三……第四……"或"首先……其次……再次……最后……"这样的句式来表述自己的观点。

其次，可以运用逻辑推理。在说服他人的过程中，这种方法非常有效。所谓逻辑推理，就是要说出为什么。比如吃饭的时候，孩子把饭菜洒到了桌子上，饭后你可以叫他去刷碗，如果他拒绝，你则可以回答他："我们之前约好的，谁要是在吃饭时把饭菜洒到桌子上，吃完饭后就必须去刷碗。"这样的回答有理有据、条理清晰，孩子想拒绝都难。

最后，要学会慢半拍，即在我们开口说话之前要三思而后行。思考得越多，你的话语的条理性、逻辑性就越强。

答话要详细，避免过于简单

高尔基曾说："简洁的语言中有着最伟大的哲理。"的确，我们知道语言有精简之美，但是精简并不意味着一定要简单，如果话语太过简单，随随便便回答，往往会给你带来交际上的烦恼。

回话太过简单会带来以下两个问题。

首先，会让人觉得你在敷衍他，显得你为人不坦诚。

同事甲："你昨天去看电影了吧？怎么样，好看不？"

同事乙："还行。"

同事甲："听说最近有好几部好看的电影上映了，你看的是什么电影？"

同事乙："随便看的，一部喜剧片。"

说到这里，同事甲已经没有了继续问下去的兴致，于是随口敷衍了一句，做自己的事情去了。

如果同事乙是有意不想说话，那么显然他的目的已经达到了；如果同事乙平时就不爱说话，那么他无心的话就会让同事甲认为是在敷衍他，使其有种再不想与之聊天的想法。

其次，回话太过简单会影响对话的质量，特别是在职场上，这点尤为明显。

一位应聘者去参加面试，面试官问他："你之前都从事过什么工作？"

应聘者："做过销售、管理。"

面试官："具体做过多长时间呢？"

应聘者："没多长时间，也就两三年。"

……

最后，面试官问："你对薪资有什么想法吗？"

应聘者："四五千吧。"

如果你是面试官，你会录取这位应聘者吗？我们来分析一下：在面试官问这位应聘者工作经历的时候，应聘者回答得很笼统，说自己做过销售、管理。要知道无论是销售还是管理，都是很大的概念，会让人产生疑问：具体是销售什么产品呢？若是做过管理工作，是什么样的管理工作？总之，这位面试官并没有得到更为具体的有用信息。

其实，这位面试官在询问应聘者工作年限的时候已经要求应聘者具体回答，可是这位应聘者仍然含糊其词。并且最后，在谈到薪资方面的问题时，这位应聘者仍然含含糊糊。试想哪个公司会录取这种连问题都回答不清楚的人？

很多人回话时总是含糊其词、模棱两可。其实，做到具体回话很简单，只需要把具体的事情说出来就可以了。比如，去过什么地方，做了什么事情；做过什么工作，每一份工作的大致情况；等等。如果还是觉得困难，不妨参考下面两点建议。

1. 把问题具体化

当别人向我们提问时，我们应该尽量用更为精确的词语去表述。比如上面例子中，当同事甲询问同事乙看电影的情况时，同事乙可以具体讲出电影的名字、类型、内容，还可谈谈自己对电影的一些看法。

在平时回话时，我们也要注意具体原则，比如和一个陌生人聊天，对方问你："你是哪里人？"这时不要回答："我是中国人。"而是要更具体一些，比如告诉对方："我是河北人。"如果你们聊得来，则还可以进一步告诉对方你是河北哪个地方的人。再比如当别人问你平时喜欢做什么事的时候，你可以回答得具体一些，比如"喜欢打篮球、跑步和骑行"，而不是简单地回别人一句"我爱运动"。

2. 尽量多说几句

在你的身边是否有这样的人存在：他们在回答别人的问题时

总是惜字如金,你问他问题,他要么简简单单、完全没有感情地回复,要么就说"嗯""哦""啊""好吧"之类的简单词语。

如果你是这样的人,请改变自己,在回话时尽量多说几句。比如上面的例子中,当面试者询问具体的工作经历的时候,可以分别讲述自己哪一段时间具体做过什么,或者说几句自己的心得体会,等等。

巧妙修辞，使回话更具魅力

语言之美，美在精雕细琢；回话之妙，妙在修辞巧妙。在回答别人问题的时候，我们可以通过打比方、做对比，把那些平常的回话好好"装扮"一番，给它们披上华丽的外衣，让它们变得更有魅力。

中国人在说话的时候喜欢打比方，比方打得好，可以生动、形象地向对方讲述自己的观点，所以优秀的演讲者、管理专家都会使用打比方，尤其是在向外行解释一些问题的时候，打比方成了他们最常使用的方式。

著名的物理学家爱因斯坦因其相对论而名声大噪。一次，一位老太太在看完电影《卡门》后，在电影院的门口正好碰到了爱因斯坦。老太太问道："请问你是提出相对论的爱因斯坦吗？"

"是的，您有什么问题吗？"爱因斯坦问道。

"总是听到人们在说你的相对论，你能告诉我什么是相对论吗？"老太太诚恳地问。

爱因斯坦想了片刻，并没有直接向老太太讲解相对论的概念，而是这样问道："您刚才看电影的时间足足有一百分钟，但是您是不是觉得时间过得很快？"

"是啊。"老太太点点头回答道。

爱因斯坦又问："那么如果您的孙子出去玩耍，很晚了还没有回来，您焦急地等待了10分钟后他才回来，但是这10分钟您是不是觉得特别漫长？"

"是的。"老太太又一次点了点头。

这时爱因斯坦说："这就是相对论。"

在这个故事中，爱因斯坦并没有长篇大论地去解释相对论，因为他知道即使自己再努力，老太太也很难听懂，于是爱因斯坦用生活中常见的事打比方，通俗地解释了什么是相对论。

既然打比方在回话中有这样强大的效果，那么我们应该如何应用呢？其实，学会打比方，我们必须要抓住问题的核心，即原问题和所打的比方必须具有重要的共同点才行。

一位学生问他的经济学老师："老师，您怎么看经济发展中的泡沫？"

老师想了想回答说:"经济发展中的泡沫就像是喝啤酒时的泡沫,有了泡沫喝起来才有味道。"

这个比方看似巧妙,实际上是错误的,因为啤酒好不好喝并不是有没有泡沫决定的,而且泡沫对于啤酒来说并没有好坏之分,仅仅是一种正常的现象而已。而经济泡沫则是经济发展过程中的不好现象。显然本质上它们是不一样的。

当这位学生问他的另一位老师对经济发展的看法时,这位老师是这样回答的:"经济发展就像骑自行车,骑得太快会摔跤,骑得太慢也会倒下,所以经济发展要不快不慢才好。"

这便是一个好的比方。因为经济发展太快,表面上看是一件好事,但是其中隐藏的投资过热、通货膨胀等问题容易造成经济危机;而经济发展太慢,则不能满足人们对物质的需求,也会引发一些社会性问题。由此可见,这个比方很恰当。

所谓绿叶衬红花,有对比才能显出差距。在回话艺术中,对比用得好能突出你话语的力量,不管是说服、拒绝还是提问,都能让你轻松达到目的。

一位顾客到一家电脑专卖店买电脑。

顾客:"你们这个牌子的电脑怎么这么贵?"

销售人员:"确实,相比同类产品,我们的电脑要贵一点。但是我们贵在做工更加精细,贵在我们的独家技术,比如与同类产品相比,我们的电脑散热更好,即使是在炎热的夏天,也不会因为散热问题而影响您使用。"

经过这样一番对比,顾客自然看到了该品牌电脑在同类产品中的优势,贵自然就有了贵的道理。

在运用对比的时候,要注意以下两个问题。

第一,对比的对象应是人们非常熟悉的事物,否则对比就没有任何意义。比如有人问你太阳有多大,你不能说很大,而应该用地球做对比,告诉他130万个地球才抵得上一个太阳。这样一对比,对方就会明白太阳是多么庞大了。

第二,对比要注意合理性。所谓合理性,是指对比的对象应该属于同一范畴,并且对比双方具有相反或是相对的性质。

正面回答，给对方留下好感

回话本来很简单，只需要回话者简明扼要地回答对方的问题即可，可是很多人却喜欢把重要的话语放在后面说，美其名曰"压轴出场"，而前面却啰里啰唆，做一大堆铺垫。

其实，在说话时，很少有人关注你的这些铺垫，人们更多关心的是你说话的重点。如果你说话总是拐弯抹角，人们就无法从你口中得到有用的信息，从而对你产生反感。

同事乙经常拍一些漂亮的照片发到朋友圈，在一次偶然的谈话中，同事乙和同事甲聊到这个话题。

同事甲："我看到你经常拍一些漂亮的照片，你的相机是什么牌子的？"

同事乙："其实相机的牌子并不多，而且很多都集中在日本，比如佳能、尼康、松下、索尼、奥林巴斯。德国的徕卡也很出名……"

同事甲："哦，那你的相机是多少钱买的？"

同事乙："都说电子产品换新不换旧，我可不这么看，新有新的道理，旧有旧的好处，我这个相机虽然是二手的，但是买回来几乎跟新的一样，还省了不少钱……"

同事甲听得晕晕乎乎的，他只不过是想问同事乙的相机是什么牌子，多少钱买的，可是自始至终都没有得到明确的答复，于是赶紧岔开话题结束了谈话。

对话中的同事乙答非所问，不仅会让人觉得他在卖弄学问，还会让人觉得他不真诚。其实，同事乙完全可以这么回答：

同事甲："我看到你经常拍一些漂亮的照片，你的相机是什么牌子的？"

同事乙："尼康，不过其他的牌子如佳能、索尼也都不错，如果你想买，可以多看一下。"

同事甲："嗯，谢谢，那你的相机是多少钱买的？"

同事乙："3200元，不过我买的是二手的，新的要4500元左右。"

这样直接明了地回答会让人觉得你这个人思路很清晰，说话能抓住重点，也很有条理，相信很多人愿意再跟你多聊几句。

有时回话者对于别人当面提出的问题，装作没听见，避而不答，或是眼睛望着别处，说一些根本不相关的事，强行把话题扯开。比如：有些人对谈话不够重视，回答别人问题时漫不经心；有些人考虑到自己的利益，不想正面回答问题；有些人不知道如何回答，但又碍于面子不能沉默，只好答非所问。这其中，可能是自己的态度有问题，对谈话不够重视与真诚，也有可能是迫于无奈，有不得已的原因。但不管怎样，我们都应该尽量少用这种回话方式，因为如果你经常顾左右而言他，难免会让人觉得你这个人不真诚。相反，面对别人的提问，如果没有涉及自己的隐私，或是谈一些无伤大雅的话题，我们就应该给出正面、直接的回答，毕竟坦诚相待是十分重要的。

在直接回答时还需要注意以下两点。

1. 紧紧围绕对方的问题，不要把话题扯远了

很多人在回答别人的问题的时候喜欢夸夸其谈，比如，在心仪的女孩子面前特别想表现自己，但是说一些无关紧要的话只会让对方觉得厌烦。尤其是在谈一些比较严肃的话题的时候，一定要认真、直接地回答对方的问题。

2. 明确回答要条理清晰、逻辑分明

既然是明确回答，就应该让别人听得懂你在说什么，而不是听完后一头雾水。比如，顾客问你："这款手机有什么优点？"你可以回答："这款手机配置高、外观精美、像素超高，而且待机时间长。"而不要一味地给顾客讲一些专业名词。

Chapter 5
攻心说服，助你在任何场合都能打动对方

俗话说"擒贼先擒王"，说服有着与此相似的逻辑，即说服要攻心。说服攻心既是抓住了问题的核心，也是相当于把说话的点往正确的轨道上靠拢。攻心是一个笼统的说法，具体怎么攻，仁者见仁，智者见智。但攻心依然有一些普遍适用的原则，比如说服时采用以退为进、以柔克刚的策略等，让对方的心不攻自破。

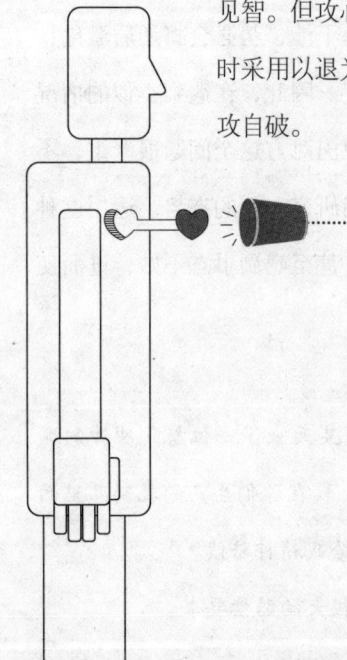

以退为进，促使对方放松心理戒备

我们在说教或者演讲的过程中，时常会听到有人提出不同的看法，甚至理直气壮地提出相反的观点。面对这种正面交战的观点冲突，如果用简单的言语进行粗暴干涉，势必会将矛盾激化，让对方下不来台，而自己也失去风度。因此，在遇到类似的情况时，要先重视对方的问题，最好表现出对方这个问题很严重，不能草率做出应答，一定要找时间专门研究一下的态势。运用这种战术的目的就是要让对方受宠若惊，甚至感到事态不妙，进而使其不再好意思坚持。

美国有家生产乳制品的大企业，某天来了一位怒气冲冲的顾客，很不客气地对负责人说："先生，我在你们生产的乳制品里面发现了一只活苍蝇，现在，要求你们给我精神赔偿。"

随后，这位顾客提出了一个数额极大的赔偿要求。

在美国，像乳制品这种生产线的卫生管理相当严格，为防止乳制品发生氧化反应而导致变质，每次都会将罐内的所有空气抽出，然后灌入无氧气体后再密封。在这种严苛条件下生产出来的乳制品，不可能有活苍蝇。由于事关公司声誉，这位企业负责人不好立即揭穿那位顾客的骗局，只是很礼貌地把他请到了会客室里。

当这位顾客来到会客室破口大骂，再次提出抗议并要求赔偿时，负责人很有风度地为他倒了一杯水，并慢条斯理地说："先生，看来这件事真是我们的错，放心，您会得到合理的赔偿的。由于这个问题事关重大，所以我们绝不会忽视。这样吧，您稍等片刻，我马上命令关闭工厂所有的机器，以查清楚问题的根源。我们公司有规定，哪个环节出现失误，就由哪个环节的负责人来承担责任，待会儿我把那位失职的主管找来，给您赔礼道歉。"

说完后，负责人满脸严肃地对旁边的一位工程师说："马上关闭所有的机器，虽然我们的生产流程不应该出现这种失误，但是这位顾客发现了，我们就有义务给他一个满意的答复。"

那位顾客原本只想用这种伎俩骗些钱，没想到自己的话会引起如此严重的后果，顿时害怕自己的花招被揭穿，如果被揭穿的话，他就会被要求赔偿整个工厂因停工而造成的损失，即使倾家荡产，他也赔不起。

想到这里，他开始感到害怕，并嗫嚅道："要是事情这么复杂的话，那就算了，其实我只是希望你们企业不要再发生类似的事情了。"

就这样，顾客给自己找了个台阶准备离开。

企业的负责人叫住了他，并诚恳地对他说："感谢您的提醒，为了表示我们的感激，以后您购买我们的产品可以享受八折优惠。"

这位顾客没想到能得到如此的收获，日后居然成了这家企业的义务宣传员，让更多的人肯定这家企业的产品质量。

在这个案例中，高明的企业负责人不仅掌握了顾客的心理，用攻心的话术揭穿了对方的骗局，还反过来"绑架"顾客的想法，让他为公司做起了义务宣传的工作。

吴胜利是一家保险公司的业务员。周末时，按照约定的时间，吴胜利来到了李先生家，希望李先生能为自己的家人投保。虽然之前已有过多次接触，但事情的进展并非吴胜利预想中的顺利，对方坚定地说"保险是骗人的"。吴胜利装作很无辜的样子，并笑着问道："那您能给我讲讲保险是怎么骗人的吗？"

李先生说："5000元现在或许还可以买台不错的液晶电视，但是20年后，恐怕连个二手的都买不到。你现在让我买保险，即便承诺到时候再返还我这么多钱，有什么用呢？"

吴胜利好奇地问："为什么会这样想呢？"

李先生回答："现在通货膨胀这么厉害，到时候货币不知会贬到什么程度呢。"

吴胜利接着问："除了担心货币贬值之外，您还有什么顾虑？"

李先生说没有了。

吴胜利大体上对李先生的顾虑有了一个宏观的认识，接着说道："我觉得您说的话很有道理，看来您平时对经济这方面还是蛮有研究的。如果物价持续上涨，到时候别说二手电视了，估计连个遥控器都买不来。"说到这里，吴胜利感觉到李先生的情绪有所缓和，脸上的表情也比刚才丰富了一些，便接着说道："国家经济目前正在向'新常态'转型，国家也会采取诸多切实可行的政策防止货币过度贬值，因此，将来货币出现大幅度贬值的风险很低。另外，保险公司已经提前考虑到顾客的这种顾虑，所以您购买的保险是有利息的。当然，还有一个最重要的因素您忽略了，那就是买保险，您会得到一份保障，这才是最重要的。如果您买一台电视，它会给您这些吗？"

吴胜利看李先生听得有点儿专注，还频频地点头，感觉火候差不多了，又补充了一句："在您面前讲这些道理有点儿班门弄斧了，其实我相信，即便我不说这些您也会明白的，还望您多多指教……"

听到这里，李先生的态度已经发生了完全的逆转，后来非常爽快地为家人买了保险。

多数人都想当说服者，但越是在这种时候，就越要注意言辞的分寸和说话的技巧。在以退为进的策略中，退是表象，目的是让对方能从自己的退意中得到心理满足，进而放松思想戒备，此时再提出要求，对方会更容易接受，而这也是自己的最终目的。

激将法，激起对方不服输的情感

所谓激将法，就是利用对方的自尊心和逆反心理积极的一面，用"刺激"的方式激起对方不服输的情感，将其潜能激发出来，从而达到理想中的说服效果。

孙阳初中时数学成绩很好，还当过数学课代表，但进入高中后，她的数学成绩却直线下滑。班主任找她谈过好多次话，但效果并不理想。终于有一天，孙阳最不想看到的一幕发生了：她被叫到班主任的办公室，而且那里还站着自己的父母。

班主任先是用极其严厉的口气向家长汇报孙阳最近的表现，然后又当着她的面说："我原来一直以为，你数学成绩上不去是因为没有上进心，现在看来，你根本就是没有一点儿这方面的天赋，你就是一个平庸的人！……"听到这样的话，孙阳异常愤怒，最后还泪流满面，感觉老师太无情了。回家路上，妈妈为孙阳边擦眼泪，边安慰说："老师的话是重了些，但也是为你好，你其实是很有天赋的，只是没有表现出来。要我看，你干脆做出个样子来，让老师看看，也证明他是错的。"孙阳没有说什么，心里面已经盘算着怎么"报复"老师了。

在学期末的一次考试中，孙阳的数学成绩从原来的30多名一跃成为班级第2名。总结会上，班主任还特意表扬了孙阳。后来，妈妈告诉孙阳，班主任上次对她用的激将法其实是他们共同商量的结果，因为害怕对孙阳造成过度的伤害，父母就扮演不知情的角色，对她进行安慰。现在看来，孙阳的"报复"确实成功了，但赢的人还有班主任。

激将法的运用，要做到因人而异，不可盲目。一般而言，劝说争强好胜的人更适宜用激将法，而对那些谨小慎微、内心敏感的人来说，最好不要用，因为他们会把激将之言理解为嘲讽之语。如果这样，就会违背激将的初衷。

三国时期，面对曹操大军压境，苦于缺少良将的刘备打算让老将黄忠出马。黄忠虽已答应，但诸葛亮却对其能力表示怀疑，故意当着黄忠的面对刘备说："老将军虽然英勇，然夏侯渊非张郃之比也。渊深通韬略，善晓兵机，曹操倚之为西凉藩蔽……今将军虽胜张郃，未卜能胜夏侯渊。吾欲酌量着一人去荆州，替回关将军来,方可敌之。"

此话并非诸葛亮本意,而是为激发老将的决心。果不其然,此话一出,黄忠立刻斗志昂扬,奋然答道:"昔廉颇年八十,尚食斗米、肉十斤,诸侯畏其勇,不敢侵犯赵界,何况黄忠未及七十乎?军师言吾老,吾今并不用副将,只带本部兵三千人去,立斩夏侯渊首级,纳于麾下!"

事后,诸葛亮对刘备说:"此老将不着言语激他,虽去不能成功。"事实证明,战场上的老将黄忠果然所向披靡。

由此可见,激将法如果用对人、用对事,用在恰当的时机,效果就会非常明显。话虽如此,但在运用激将法的时候,也要注意以下技巧。

(1)看对象。刺激的对象要心理成熟且有强烈的自尊心。

(2)看时机。如果出言过早,"反话"容易让人丧气;如果出言过晚,则会被认为是"马后炮",无法取得应有的效果。

(3)注意分寸。首先要保证出发点正确,要体现出尊重、信任和爱护。不疼不痒的话当然起不到激将的作用,但是如果语言过于尖酸、苛刻,又会让人反感。因此,运用激将法的时候要特别注意语气的分寸和感情色彩,把褒贬有机结合起来,自然会产生积极的效果。

迂回诱导，从侧面说服更显婉转

在日常生活中，说服的事情几乎随处可见。母亲病了不肯到医院去动手术，要靠说服；痴情女失恋痛不欲生，要靠说服；年轻人不求上进、作风浮躁，要靠说服。

在说服别人的时候，不妨直话曲说、忠言婉说。在说话中避开对方的忌讳点，绕道而行，选择对方感兴趣的话题谈起，不过早地暴露自己的意图，一步步迂回接近，当对方跟着你走完一段路程之后，他已经不自觉地缴械投降了。春秋战国时的晏子、触龙等人可谓迂回说服他人的大师。

春秋后期，齐相晏子头脑机敏，能言善辩，经常劝谏齐景公轻赋省刑。

有一天，齐景公的一匹爱马暴死，齐景公勃然大怒，不容分说就要用刀把养马人肢解。恰好这时，晏子也在齐景公身旁，侍卫已经持刀进来了。

晏子不动声色地问齐景公："当年，尧舜肢解人时，从谁的身躯开始的？"

齐景公回答道："从自身开始。"刚回答完，齐景公就听出了晏子的言外之意是委婉地批评他，于是下令不肢解养马人，改口道："那么就罚他下狱吧！"

晏子说："好呀，但请允许我代大王数数他所犯下的大罪，这样才能让他心服口服。"

齐景公说："那就先听一听。"

于是，晏子历数养马人的"罪状"道："国君让你养马，而你把马养死了，这是第一条死罪；而且养死的是国君最喜爱的马，这是第二条死罪；你让国君因为一匹马这样的小事而杀人，百姓知道，一定会埋怨国君残暴，而且邻国听了，也一定会耻笑国君，轻视齐国，这是第三条死罪。来人，把他打入大牢！"

晏子虽是在历数养马人的罪状，可齐景公听得明白，立即说："把养马人放了，不要因为这件小事阻碍了我的仁政。"

可见，说话语气委婉含蓄，旁敲侧击，效果之神奇！而直来直去这种说话方式，对于家人或交心的好友而言还是比较能让人接受的，可是生活中有大量的话不用直接说出来，话里带出来就行了，更有不能直言的意思，得靠暗示来表达。

迂回含蓄地表达你的观点，无疑是口才技巧中不可或缺的点睛之笔。与那些说话过于直白，容易伤人感情和自尊心的人相比，说话委婉的人，更善于调节尴尬的谈话氛围。所以，我们不妨从侧面打开缺口，采取迂回战术进行说服。

俄国伟大的十月革命刚刚胜利的时候，象征沙皇反动统治的皇宫被革命军队攻占了。当时，俄国的农民们打着火把叫嚷，要点燃这座举世闻名的建筑，将皇宫付之一炬，以解他们心中对沙皇的仇恨。一些有知识的革命工作人员出来劝说，但都无济于事。

列宁得知此消息后，立即赶到现场。面对着那些义愤填膺的农民，列宁很恳切地说："农民兄弟们，皇宫是可以烧的。但在点燃它之前，我有几句话要说，你们看可不可以呢？"

农民们一听列宁并不反对他们烧，于是答道："完全可以。"

列宁问："请问这座房子原来住的是谁？"

"是沙皇统治者。"农民们大声地回答。

列宁又问："那它又是谁修建起来的？"

农民们坚定地说："是我们人民群众。"

"那么，既然是我们人民修建的，现在就让我们的人民代表住，你们说，可不可以呀？"

农民们点点头。

列宁再问："那还烧吗？"

"不烧了！"农民们齐声答道。

皇宫终于保住了。

迁怒于物往往是情感发泄、思维简单化的一种表现，遇到这种情况，解决的方法关键在于疏导。面对激愤的群众，列宁用五句循循善诱的问话，理清了农民们的思路，保住了这座举世闻名的建筑。他采取的步骤是，首先理解和赞同农民们的观点，这样可以争取到引导他们的时间和机会；其次，正本清源，使农民们懂得，皇宫原来是沙皇统治者居住的，但修建者是人民群众，如今从沙皇手中夺过来回归人民群众，就应该让人民代表住，这个道理是可以说服人的，因此农民们点了点头。

最后一问，是强化迂回诱导的结果，让农民们明确表态"皇宫不烧了"，从而完全达到了目的。

在说服的过程中，不能只讲大道理，如果将道理讲得具体生动，引人思索，让他们觉得是这么个理儿，就能一步步循序渐进地将道理说明白。

利用事实和数据,更具说服力

提到说服,人们脑海中形成的第一概念往往是该用什么策略。不可否认,想把劝服的话说到点子上,不讲点儿策略,一般很难达成。不过,即便是那些能言善辩的人,也往往会陷入"聪明反被聪明误"的圈套。其实,要想劝服别人,有一种最简单的方法,即讲清事实。

林肯在成为总统之前当过一段时间的律师。有一次,他获悉朋友的儿子被控告为谋财害命,而且已经初步被判定为有罪。他以被告辩护律师的身份,到法院查阅案卷。翻阅了所有的案卷之后,他明确了全案的关键在于原告方的一位证人,因为这位证人发誓说在10月18日的月光下,清楚地看到了被告用枪击毙了死者。对此,林肯提出复审的要求。

复审中,有这样一段精彩对话。

林肯:"请问证人,你发誓说清楚地看到了被告用枪击毙死者?"

证人:"是的。"

林肯:"你站在草堆后,被告在大树下,这两个地方相距20多米,你能看清吗?"

证人:"能看清楚,因为那天晚上的月光很亮。"

林肯:"你确定不是从衣着方面来判断是被告的吗?"

证人:"不是的,我确实看清了他的脸,因为月光照到了他的脸上。"

林肯:"你能确定时间是在晚上11点吗?"

证人:"完全确定,因为当我回到家里后,看了一下时间,正好是11点15分。"

林肯问到这里就停止了,转过身后,发表了一席精彩的言论:"我必须告诉大家,这个证人是一个骗子。他坚称10月18日晚上11点在月光下看清了被告的脸。事实上,10月18日那天是上弦月,晚上11点月亮已经下山了,哪里还有月光?退一步说,也许是他时间记得不准确,时间可能稍有提前。但即便这样,那时的月光也是从西往东照,草堆在东边,大树在西边,如果被告的脸对着草堆,那么他的脸上是不可能有月光的!"林肯话音刚落,全场便响起了热烈的掌声,连法官也不禁赞叹。

表面上看,林肯运用了丰富的自然知识和严密的逻辑推理,其实，他只是说出了事实而已。讲清事实，除了要运用上面这个例子中的知识、逻辑之外，还有一种非常实用的方法，即利用数据。如今，数据的概念随着计算机的发展变得越来越流行，但它的应用早就成了一种说服的策略。

元朝至正年间，因为海宁一带没有通航，水路不畅，所以运送粮草只能通过陆路进行。考虑到海宁一带饱受战乱困扰，无法再征用平民，所以董博霄将军就向朝廷建议，让士兵自己搬运粮草。不过，这个建议一经提出就遭到几乎全体大臣的反对。大臣们认为，国家已经处于战乱之中，士兵为应付战争已经付出许多，如果再为搬运粮草耗费体力，势必削弱他们的战斗力。听完大臣们的议论，董博霄说道："如果用士兵运粮草，就可以按照一日行百里的方式进行。这个方法就是说，每10步安排1个士兵，1里只需安排36个士兵，10里安排360个，100里安排3600个士兵。每个士兵每次只背4斗米，装好布袋并做上记号。这样，他们走10步就可以传给下一个士兵，士兵来回走，而粮草却不停止运输。假如1个士兵每天走500个来回，总的行程也不过28公里，其中一半还是在没有负重的情况下进行的。也就是说，每个士兵每天负重行走也不过14公里，但是每天能运送200石的米。假如1个士兵每天需要1升米，那么3600个士兵就可以为100里以外的20000名士兵送去一天的粮食。再说，每个士兵每天不过走28公里的路程，负重10步后还可以歇一歇，大家就像是在玩传递游戏一样，怎么叫劳师动众呢？"

就这样，董博霄成功地用数据说服了众大臣，并且在实际操作中收到了很好的效果。数据所展现出来的精巧运算、周密统筹确实比普通言语更有说服力。另外，在运用数据说服的时候，也可以将那些平常无法感知的事情讲得生动形象，从而增强对方对所说内容的印象。

语气温和，忌颐指气使地去说服

没有人乐意听从别人的指使，更没有人喜欢让别人告诉他应该怎么做，应该怎么想，这是人的天性。过于强势的态度不仅达不到我们预期的目标，而且可能偏离目标更远。当我们在说服一个人的时候，我们也经常像是在指使别人："你应该这么做……""你这么想才是对的……"我们经常使用的是命令或者强迫的语气，即使我们有时候并不具有那种权威。你应该让你的语气更加柔和和委婉一些，这样才能更好地达到你所要的目的。

俄克拉荷马州一家工程公司的安全检查员利亚德的工作是检查工地上的工人是否带了安全帽。一开始，当他看到那些没有戴安全帽的工人时，他会立即批评这些工人，并且命令这些工人立刻戴上。但是这种方法收效甚微。工人当着他的面会戴上安全帽，但是当他走了以后，他们便会再把安全帽摘下来。

利亚德觉得自己的做法不合适，于是决定采用其他方式。当他看见没有戴安全帽工人时，就微笑着询问对方是不是觉得安全帽戴在头上不舒服、帽子的大小是不是不合适；然后他会对工人讲安全帽的重要性，建议他们为了自己的安全最好把安全帽戴上。结果，这种做法收到了很好的效果。

前后不同的两种做法导致了工人们前后不同的两种反应，这就是人们的心理作用使然——排斥指使的态度和命令。之前利亚德采用了强势的方法，命令和指使工人应该如何去做，结果工人们不喜欢听利亚德的指使，这是他失败的主要原因。而后来利亚德改变了原来带有指使性的态度和话语，使工人们欣然地接受了戴安全帽的要求。

我有个朋友就说过这样一件事。一天，公司里来了一位客人，由新上任的经理接待。他像往常一样，正打算去给那位客人倒水，但是经理突然对他说："去，倒杯水！"他却随口接道："我想去一下洗手间。"这种情况在我们身边也常常发生，比如你在酒店里就可能会遇到类似的情况，虽然服务员满口答应你，但是迟迟不会把水打来。你可以投诉她服务态度不好，但是这样对你自己并没有什么好处。那么，你为什么不能换种语气来说呢？你可以这么对她说："我现在需要一壶水，你能给我打壶水来吗?"她一定会非常乐意为你服务的。而这样做,你并没有损失什么。

很多领导都喜欢指使下属做这做那,他们似乎想要用这种方式来体现自己作为领导的权威。而且多半的领导都在这么做,他们并没有意识到这有什么不对。即使对于大多数人来说,当某些人犯了错误的时候,我们也通常会以一种居高临下的姿态对他进行说教,指使他应该怎么做,而对方也很有可能会为了维护自己的尊严而不惜跟我们争论。我们知道,在这种尖锐对峙的情况下,没有谁能够有办法说服对方。因此,最好的办法是维护对方的尊严,换一种方式指出他的错误,引导他应该怎么做。

沃德将军曾经担任过训练新兵的教官。一天,他驾着吉普车到新兵营去巡查,碰到一名士兵正领着女朋友在散步。那名士兵似乎没有看到他,而等他的车子经过的时候,那名士兵"碰巧"弯下腰来系鞋带。沃德知道是怎么一回事了,于是把那名不懂军规的士兵叫了过来。

"小伙子,"沃德说道,"难道你真的没有看到我吗?"

"看到了,将军。"那名士兵知道瞒不过去,只得承认。

"那么,你为什么不向我敬礼,而是装作在系鞋带没看到我?"沃德问道。

士兵十分为难，没有办法回答。他看了看他的女朋友，苦着脸说："将军，如果你是我，带着女朋友在散步，你会怎么做？"

沃德被士兵逗乐了，笑着回答说："我会跟她说：'我想先给这个老家伙敬个礼，怎么样？'"

那名士兵听了之后，微笑着向沃德将军敬了一个礼。而沃德将军也不再说什么，回敬了一个礼，然后就开着车走了。

可以想象，如果沃德将军满脸怒气地对那位士兵说："你刚才的行为是错误的，你应该向我敬礼！"那么，士兵虽然会照办，但是会从此怀恨在心，因为沃德使他在女朋友面前丢了面子。而沃德将军并没有这么做，他巧妙地指出了士兵的错误，告诉他应该怎么做，而且也顾及了士兵的面子。

一个新兵营里最近接收了一批新兵。这些新兵有着坚强的毅力，这同样意味着他们不容易改变自己的一些习惯——那些坏习惯。教官们发现，对这些文化程度较低的新兵并不适合讲大道理，当然，也不适合用强迫或命令使他们改变自己的不良习惯——那样的话，他们会很暴躁地跟你对着干。教官们对此很伤脑筋，所以想了很多办法来改变他们，以使他们成为合格的军人，但是都收效甚微。总之，这些士兵倔强地认为，用不着别人来指使自己怎么做。

最后，教官们告诉士兵，他们应该给家里寄一些信，以免家人挂念。教官们印发了一些信件，作为士兵写信的参考。这些参考信的内容大致是告诉家人他们已经在军队里养成了良好的生活习惯，以前的很多坏习惯都已经改正了，请家人不用担心。

当他们把信写好寄出去之后，奇怪的事情发生了：这些很顽固的士兵慢慢地主动克服了以前的坏习惯，一个个都变得精神焕发、讲卫生、守纪律，最后成了合格的军人。

用建议来代替指使，可以让人信服；用请求来代替指使，可以让人高兴地执行；用商量来代替指使，有人会主动请缨；用赞美来代替指使，他们会用行动来证明你所说的是对的。世界上有好多种能够替代颐指气使地说服他人的办法，所以你完全可以换种方式，让你的说服更成功。

Chapter 6
巧言拒绝，别让不会说"不"毁了自己

拒绝是一门高深的学问，不是所有人都懂拒绝之道，那些"打肿脸充胖子"的人只会给自己带来无限的烦恼。比如，常为自己不能及时而勇敢地拒绝后悔不已，或为自己不会拒绝而郁郁寡欢等。本章将用一些简单的方法从不同的视角教你在不影响社交关系的情况下，以更多的方式拒绝他人，助你在人际关系的浪潮中更加游刃有余。

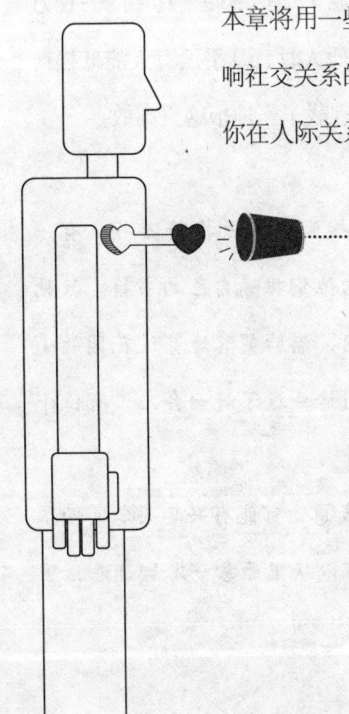

用软语拒绝对方会更有效

拒绝他人有很多种方式,一个高明的谈话者总是可以在恰当的时机,采用合适的方法拒绝对方。温柔地拒绝便是其中的一种方式。当你施展温柔之术,用软语拒绝他人时,几乎没有人能抵挡得住它的威力,而且更多的时候这要比直截了当地拒绝更高效。

乔治是一位图书推销商,经常挨家挨户地推销图书。有一天,他来到一户人家的门前,准备向他们推销自己的书籍。只见他左手拿着一大本书,右手推开大门,满脸笑容地穿过花园的小径,来到主人的房前。他按了一下门铃,过了好一会儿,有位小姐来开门,满脸惊奇地看着他。

"早上好,小姐,"乔治说,"我想你可能有兴趣买本《世界历史》。这套图书一共有12本,你可以从里面拿一本翻翻看,里面的插图漂亮极了……"

Chapter 6　巧言拒绝，别让不会说"不"毁了自己

"实在对不起，"她打断道，"我正在做饭，没有闲工夫和你讨论历史。我得马上回厨房看看。"不等乔治回答，她就重重地把门关上了。

乔治不想就这样被赶走，便绕着房子走了一圈，又敲响了后门。开门的依然是那位年轻的小姐。她尖叫着说："又是你！"

"哦，"乔治说，"你刚才告诉我你在厨房里忙着做饭，我只好绕到后边来。也许你可以让我坐在厨房里，然后你一边做饭，一边听我讲这套历史书的相关内容。相信我，这本书真的非常有用。如果你现在不买的话，将来肯定会后悔的。"乔治咧嘴一笑，露出了洁白的牙齿。

那位小姐"哦"了一声，然后说："要是你愿意的话，就进来坐在那边吧。"她指了指椅子，又补充道："我先声明一点，你可能会白浪费时间的，因为我对历史不感兴趣，也没钱买书。"

乔治坐了下来，把手中厚重的书轻轻地放在饭桌上。当然，多售出一本，就意味着他的利润会增加一些。他有信心劝这位小姐买一本。接着他就用自己那迷人的嗓音向这位小姐介绍这本书的好处，同时没有忘记提醒她这本书其实很便宜。

"等等，"她突然打断了乔治的介绍，转身走进另外一个屋子，再次回来的时候，手里多了个笔记本和铅笔。

坐下来后，那位小姐对乔治说道："请继续讲吧。"

乔治又开始讲起来，而那位小姐则一边听一边认真地记着笔

记,中途还时不时地叫他把刚才讲的内容重复一遍。见她如此有兴致,乔治很兴奋。他暗自思忖,感觉劝人买他们不想买的东西并不难。最后,他结束了自己的谈话,合上书,问道:"感觉怎么样,难道不认为现在买一本是明智之举吗?"

"哦,不!"小姐吃惊地说,"刚开始我就说过,我对历史不感兴趣,而且也不打算在这上面投入资金。"随后,她打开门,并做了一个"请"的姿势。

"但是,你刚才为什么要做笔记呢?"乔治不解地问道。

"哦,"她回答道,"我弟弟和你一样,也是挨家挨户销售图书的,但很失败。我刚才记下了你说的有用的话。你真是太聪明了,我将会把这些笔记拿给他看,这样他就知道下次去推销时该说些什么了,也就能赚更多的钱。实在是太感谢你了,我真高兴今天能遇到你。"

乔治呆若木鸡地站在门口,半天说不出一句话来。

客观来讲,任何一位销售员遇到这样的拒绝都会感觉到有点儿失落,但是相对于那些连门都不让进或者恶言相向的人,这样的拒绝还是蛮温柔的。

以其人之道还治其人之身

他人的要求未必都是善意的,有时可能是一种刁难,如果自己在一开始没弄清楚或者事后不知道该如何化解,势必会让对方的"阴谋"得逞。这个时候,巧妙利用对方刁难的弱点,作为"攻击"对方的手段,不仅可以让自己解围,还会让对方对你刮目相看。

甘罗的祖父是秦国名将。有一天,甘罗看见祖父在后厅里来回踱步,不停地唉声叹气。

"祖父,您碰到什么难事了吗?"甘罗问。

"哎,大王听了小人的挑唆,硬要吃公鸡下的蛋,命令满朝文武设法去找,要是三天内找不到,大家都要受罚。"

"大王也太不讲理了。"甘罗气呼呼地说。他眨了眨眼睛,便想了一个主意,说:"祖父您别急,我有个好办法,明天我替您上朝好了!"

第二天早上,甘罗果真代替祖父去上朝。只见他不慌不忙地走进宫殿,向大王施礼。

大王很不高兴地说:"娃娃到这里捣什么乱!你祖父在哪里?"

甘罗说:"大王,我祖父今天估计来不了了。他正在家生孩子,托我替他上朝来。"

秦王听后哈哈大笑,说:"你这个孩子,怎么可以胡言乱语呢!男人怎么会生孩子呢?"

甘罗说:"既然大王知道男人不可以生孩子,为什么就不知道公鸡不能下蛋呢?"

甘罗的祖父作为秦国的将军,遇到了大王提出的不可能满足的要求,又找不到合适的办法拒绝。甘罗作为一个孩童,却可以非常得体地拒绝秦王,并让秦王放弃自己无理蛮横的要求,实在是大出人们的意料。或许也正因为如此,秦王才有"孺子之智,大于其身"的叹服。后来,甘罗出使赵国,使计让秦国得到十几座城池,甘罗因功被秦始皇赐任上卿(相当于丞相),封赏田地、房宅,不能不说正是甘罗那次智慧的拒绝使秦王认识到了他的才能。

说到化解别人的讽刺或者恶意攻击,就不能不提英国的丘吉尔和萧伯纳,他们不仅在文学方面获得过骄人的成绩——都曾获得过诺贝尔文学奖，而且在口才方面也都有着傲人的天赋。

有一次，萧伯纳的新剧准备在巴黎大剧院上演，他就派人送了两张票给丘吉尔，并附带了一封短笺，上面写着："亲爱的温斯顿爵士，现奉上戏票两张，如果阁下还能够找到另外一个朋友的话，不妨一起来看演出。"

丘吉尔曾经两度出任英国首相，也是第二次世界大战时的三巨头之一，他自然明白大作家的嘲讽之意，便回信说："亲爱的萧伯纳先生，非常感谢你赠给我的两张戏票，因为有约在先，所以无法前往观赏。不过，如果你的戏有幸能够演到第二场的话，我一定和朋友前去捧场。"

在萧伯纳的信里，他想调侃丘吉尔在政治上缺少盟友的状况，没想到丘吉尔借题发挥，讽刺他的戏很烂。和甘罗相比，丘吉尔的"以其人之道还治其人之身"更侧重于形式，不过也确实达到了巧妙回绝对方的目的。

利用合适的借口,拒绝不伤人心

如果把拒绝他人视为我们想要做成的事情,那么采用什么样的方式可以让这一目标实现起来事半功倍呢?方式固然很多,若涉及借口,则没有比借口的合理性更重要的因素了。

王文在上海一家电器商场上班。有一天,他的一位朋友过来打算买一台电冰箱。可是,朋友看遍了店里陈列的样品,也没能找到符合自己心意的类型。最后,朋友要求王文带他到仓库里去看看。面对朋友的要求,王文不好意思开口说"不",脑子一转,笑着对朋友说:"真是太不巧了,前几天经理刚宣布,不允许任何顾客进入仓库。"他的朋友一听,便不再好意思说什么了。

在这个故事中,王文把经理的吩咐作为借口而达到了拒绝的目的,尽管他朋友的心里不高兴,但毕竟比直接听到"不行"这样的回答好多了。

具体来说，我们还可以通过以下方法来达到合理拒绝他人的目的。

1. 开玩笑式拒绝

用开玩笑的方式拒绝对方，通常既能够达到拒绝的目的，又不至于让双方感到尴尬，所以开玩笑式拒绝也被视为一种很好的否定技巧。假如你是个女孩子，男朋友邀请你去他家做客，但你觉得时机还不成熟，不方便盲目造访，不妨这样问："你家有什么好吃的吗？"

男朋友可能会列出几样东西来，于是你接着说道："没有好吃的，我不去。"

这种巧妙的玩笑，不仅拒绝了对方的邀请，还可以避免回答"为何不去"，可谓一箭双雕。

2. 用制度来拒绝

有位普通员工鼓足了勇气才走进经理的办公室，并对经理说："对不起，经理，我想你是不是该给我涨工资了……"

经理回答道："你确实该涨工资了，可是……"经理指了指玻璃板下面的一张印刷卡不慌不忙地说："根据本公司的相关工资制度，你的工资已经是这一档中最高的了。"

这位员工听完后有些泄气，说："唉，我都忘记我的工资级别了！"说完就退了出来。

就这样，工资制度让他放弃了自己原本应该得到的东西。他也许在想：我怎么能够推翻公司的制度呢？这或许也是经理期望他讲的话。

3. 寓否定于感叹之中

有个女孩过生日，男朋友送了她一套衣服，但女孩不喜欢。男朋友问："感觉怎么样，喜欢吗？"

女孩若直截了当地回答："不喜欢，土里土气的，像什么样！"男朋友肯定会很伤心。如果女孩说："要是再素雅一些就更好了，我比较喜欢颜色浅一点的！"男孩就不会太伤心。因为这句话的表面意思好像在说：你买的也不错，只是再素雅一些会更好。而且，女孩想要表达的意思就是不喜欢这套衣服。

4. 用"下次"巧妙推脱

如果你不想参加某个聚会，你就可以礼貌地对邀请人说："谢谢你，下次有空我一定去。"若有人想找你聊天，而你又不想与对方聊，不妨看看手表，告诉对方："不好意思，我还要参加一个重要的会议，改天可以吗？"表面上，你并没有拒绝他，只是改个日期，但这里的"下次""改天"没有时间限制，聪明人一听就明白你这是在委婉地拒绝，但这总比直接说"我没空，不想去"之类的话更容易让对方接受。

5. 用商量的语气拒绝

或许你的男朋友希望你陪他一起参加某个朋友的聚会，但你又觉得不太方便或者不妥，不妨用商量的语气说："到时候我可能会没时间,你看下次行吗?"很显然,恋人此时的邀请有着特殊的意义,等到以后,意义可能就不大了。可是如果找到这样的借口,对方就不太好意思再勉强了。

拒绝是考验说话水平的一个非常重要的环节,而找借口又是拒绝中最常用的方法,此时如果能够针对对方的具体要求,有针对性地说出自己的借口,那么拒绝效果必然更好。

说明自己的困难，拒绝会顺理成章

俗话说"在家靠父母，出门靠朋友"。所以，工作、生活中朋友间互相请求帮点儿忙也都是很正常的事情。我们要是能做到，尽力帮就是了，假如朋友提出的要求有些过分，或者不在自己的能力范围之内，那就应当说明原委，含蓄拒绝。有些人碍于面子，或者好逞强，故而不考虑实际情况就答应了，结果不但朋友的忙没帮上，而且自己的事也耽误了。因此，在遇到类似问题时，应当主动说明原委，不要夸海口应允。

人们在求人帮忙时，心里面往往充满着希冀，但又惴惴不安，生怕遭到拒绝。如果一开始就被拒绝，他的心里面就会感到焦虑、恐慌，进而产生强烈的挫败感、羞耻感。比如，如果你对别人说："这种事你自己就能解决，又何必麻烦别人呢？"对方肯定会恼羞成怒，说不定还会因为这个而记恨你。

很多人在遇到类似问题时，都会感到头痛，不知道如何拒绝。其实，对于那些一心想要别人帮助自己的人来说，他们总想着如何实现自己的愿望，却很少考虑给别人带来的风险和麻烦。此时，你只需要如实地讲清楚自己的实际困难，对方即便不能由己及人，也会明白你的心意。

孙强在几年前承包了一家新技术开发公司，因为市场瞄得准，管理科学，经济效益非常好，所以很多人都想加入这家公司。

一天，孙强的一个老上司打来电话，向他推荐了一个新人，问他能否接收。碍于面子，孙强就让那个新人先来公司面试看看。面试后，孙强明显感觉这个新人不适合。接收吧，会破坏公司的用人制度，对公司的长远发展不利；不接收吧，可能会影响自己与老上司的关系，毕竟老上司以前待自己挺不错的。

左思右想之后，孙强终于想出了一个解决办法。他先是邀请他们参观、了解公司各工作室人员的工作情况以及公司的各项规章制度。接着，他向老上司汇报了公司的发展状况以及当年的承包指标。最后，孙强对老上司说："老领导，公司能有今天的发展，离不开您前几年的指导，包括我在内的公司上下都非常感谢您。去年年初的时候，我们按照您的指示修订了岗位用人制度，效果很好，也希望您继续指导。对于您介绍的这个小伙子，因为他的专业不对口，所以公司觉得他不太适合，也担心会影响今年承包指标的完成。如果有别的适合的岗位的话，我再让他来试试。老领导,您觉得这样可以吗?"

孙强赞扬了老上司对公司曾经的贡献,满足了对方的自尊需求,同时又以制度为由指出了公司的难处。作为管理者,老上司自然能够明白其中的道理,便不好再强求了。

断然拒绝他人肯定是一件伤感情的尴尬事情,但如果我们在生活中委婉说"不",充分说明自己的难处,就能在不伤害对方面子的情况下达到拒绝的目的。

在工作、生活中,当同事、上级、朋友、邻居提出一些你力不能及的请求时,不要立马拒绝,而要先谢谢他们对你的信任,并表示愿意效劳,再含蓄地说明自己帮不上忙的原因。比如,上司要你在一天内整理好财务报表给他,但你有其他重要文件要处理,这时你就可以将自己的难处说给上司听,上司自然会理解你的苦衷。这样的拒绝合情合理,彼此都可以接受,不至于把事情弄得很糟。

另外,在遇到别人要求帮忙时,也可以反客为主,有意识地发一些与自己有关的牢骚。这样一来,对方就会觉得你也是很忙很烦的样子,估计帮不上忙。让对方觉得你比对方的状况还要差,那他肯定也就没有理由再请你帮忙了。

运用拖延，含糊回避对方的请求

现实生活中总是不乏一些性格敦厚的热心肠，他们好像天生就不会拒绝他人。然而，有时候为了避免不必要的困扰、多余的麻烦，对不合理或者不合情的人和事加以拒绝就显得很必要。如何才能在不违心也不伤人的情况下婉拒他人呢？或许，拖延就是一个不错的选择。

所谓拖延，就是不当面拒绝对方的请求，而是给自己留出思考的空间。这样的话，既为自己赢得了时间，也可以让对方认为你是很认真地对待他的请求的。

吴明在一家国有工厂担任车间主任。有一天，来了一位职工要求调换工作。吴明心里很清楚，对方的要求不现实，但他没有直接说"不行"，而是委婉地告诉对方："调换工作要涉及好几个人，我一个人也决定不了。要不我先把你的情况往上面反映一下,看上面怎么回复,到时候我再通知你,怎么样?"

这样的回复可以让对方心里明白,调换工作可不是一件简单的事情。到时候存在两种可能:一是上级同意调动,二是上级不同意。这样一来,对方的心里也会有所准备,这比当场回绝对方要好很多。

孙东是一家汽车公司的销售主管,一次和一位大买家谈生意时,对方提出要看孙东公司的成本分析数据,但这些数据都是公司的机密文件,一般是不允许外人看的。

在这种情况下,买家已经提出了要看的请求,如果直接回绝,势必会影响双方的关系,说不定还会伤和气,甚至失去这位买主。孙东也是位老江湖,他没有直接说"不行",而是委婉地说:"哦,这些数据现在不在我这里,这样吧,下次有机会我会带过来让你看的。"

买家听后虽不知真假,但也不好意思再纠缠。至于下次能不能带来,或者什么时候带来,主动权都在孙东手里,再说,到时候对方或许已经没有再看的兴趣了。

事实上,这种拖延战术在工作、生活中的应用十分广泛,而且效果也非常好。有的拖延可能确实是因为条件不方便,而有的拖延本身就是当事人拒绝的另外一种说法。时间久了，大家可能也会形成一种默契，能够分辨出哪一种拖延是客观的，哪一种拖延是主观的。

汪江夫妇原本在一家国企上班，后来因为企业效益不好，俩人都下岗了。再后来，他们利用政府的优惠贷款开了一家杂货店，每天起早贪黑，不过没过多久就把小店经营得红红火火，收入也比以前在企业的时候多出不少。汪江的叔叔整日游手好闲，还经常在麻将桌上赌博。最近因为手气不好，一晚上把借来的500元全输光了。他不服气，想在第二天再赢回来，又苦于没钱，就把目光转向了汪江。

来到汪江店里后，他对汪江说："我最近想买辆面包车，手头还缺6000块钱，要不从你这里周转一点儿，三个月左右就能还你。"汪江知道叔叔的秉性，如果真的把钱借给他，肯定有去无回。再说，店里的生意还要做，流动资金不能少，如果把钱借出去了肯定影响自己的生意。于是，汪江就敷衍叔叔说："我们从银行贷了一笔款，最近手头紧，要不这样，等我们把这笔贷款还上了再借你，怎么样？"叔叔听他这样一讲，自知是拒绝，但也不好强求，便知趣地走了。

汪江没说不借，也没说什么时候借，留给叔叔的都是未知。

叔叔即便知道这是对方的推辞，但也无话可说。

可见，将事情用一种模糊的措辞一笔带过，比正面拒绝有效，还不至于伤了大家的和气。

Chapter 7
掌握时机,三言两语就能说到对方心坎里

说话是一门学问,是社交本领,也是生存基础。99%的人际关系问题都源于不会说话。一个人的说话能力常常被当作考察这个人其他能力的一项重要指标。准确表达想法往往会取得意想不到的效果,而表达失误则常常导致祸从口出。掌握时机,能把话说得恰到好处的人,三言两语就能说到对方心坎里。

及时道歉，才会很快消除矛盾

敢于道歉是一种勇气，也是有教养的表现，道歉能使友人和好、仇人变友人；能使恋爱顺利、婚姻幸福；能使家庭和睦、邻里愉快；能使工作顺利、同事融洽相处……总之，它是人际关系中必不可少的润滑剂。

衷心道歉不但可以弥补破裂的关系，而且可以增进感情。当别人用信件或亲自当面向你诚挚地道歉时，谁能不感动呢？原谅别人的错误能清除掉心中的怨恨情绪。宽恕是一种对健康、对情绪大有好处的事。

当然，真正的道歉不仅表示认错，也表示承认自己的言行破坏了彼此的关系，而这关系对彼此都很重要，所以希望能重归于好。

在拥挤的公共汽车上常常遇到这样的情形：一个人不慎踩了

另一个人的脚,这个人马上诚恳地向对方表示歉意,说:"对不起!"被踩的人虽疼痛未消,却表示谅解:"没关系!"同类情况,在一些青年乘客中有时却会出现另一种局面:踩人者无动于衷,被踩者骂骂咧咧。于是开始了一场舌战:"你瞎了眼啦?干什么踩人?""你才瞎眼呢,没看见车挤!怕人踩,坐出租车去!"你一句我一句,吵得不可开交。

同一件事,为什么会有截然不同的态度和结果呢?很简单,只因前者知礼,后者无礼。请不要小看这声"对不起",它可以化干戈为玉帛,使一场令人厌烦的无谓争吵化为乌有,使一触即发的冲突烟消云散!

在生活中,无意间得罪了他人或使他人对你不满意的时候,一定要及时、得体地向对方道歉,以免彼此产生不必要的隔阂。下面介绍的经验值得借鉴。

1. 使对方产生情感共鸣

有两位老同志,许多年前因工作产生过分歧而相互不理睬。其中一位上门化解多次,但对方态度强硬,拒不接受。这次去了,说了这样的话:"我今年60岁了,你比我大,该是62岁了吧?咱们都是过了大半辈子的人了,还有多少年好活呢?我真不希望咱们到另一个世界还是对头。你难道就不能原谅我吗?"从"人生无多"这个老年人易动情的话题入手,使对方产生情感共鸣,最终消除了隔阂。

2. 先通过第三者转致歉意

当对方正在气头上，好话歹话都听不进时，最好先通过第三者转致歉意，待对方火气平息之后，再当面道歉。如双方僵持不下，势必两败俱伤。如一方先主动表示歉意，就有可能打破僵局，化紧张为和谐，乃至化"敌"为友。

把握决定性的时机，事就成了

说话是一种艺术，也是一门学问。学问深了，就会受益匪浅；学问不深，就要处处碰壁。古人讲："山不在高，有仙则名；水不在深，有龙则灵。"说话也是如此，话不在多，点到就行；话不在好，时机对就行！

掌握好说好话的时机，是每一个人必修的一门课程，因为如果你说的不是时候，即便你的话再好、再动听，也起不到好的作用，而且还会给你带来反面的效果，等于赔了夫人又折兵，实在是很不划算。因此，要学会根据对方的性格、心理、身份以及当时的氛围等一切条件，考虑自己说话的内容。

人们经常能看到这样一幕：一个人在那里口若悬河地讲话，可是对方却紧锁眉头，根本就对这个人说的话题不感兴趣，即便对方一直在夸奖他，到最后，无奈之下，他也会找个借口偷偷地溜掉。这就是一个时机问题了，不管一个人说话的内容有多么精彩，如果时机掌握不好，也就无法达到有效说话的目的。如果你想让对方变得愿意听你讲话，或者接受你的观点，你就得学会怎样选择适当的时机并且把握这个时机，然后在适当的时机说适当的话。犹如一个参赛的棒球运动员一样，即便他有良好的技术、强健的体魄，在没有准确把握击球瞬间的情况下，也无法赢得比赛。

因此，时机对一个想让自己变得优秀的人来说是非常宝贵的，但何时才是这"决定性的瞬间"，怎样才能明辨并及时抓住时机，并没有一定的规则，主要根据谈话时的具体情况而定，比如对方的心情、当时的环境等一系列的因素。

另外，交谈的双方中每个人的阅历以及对事物的认识都会有所不同，所以产生分歧、有碰撞甚至针锋相对在所难免。因此，在这种时候说好话，就得根据对方的阅历和对事物的认识做相应的调整。比如一个阅历不高、对事物认识比较浅显的人，对他说好话就必须调整到他那个相应的水平，不能说大话、空话，否则，对方就会认为你是在拿他开涮；相反，如果是一个高阅历、对事物有着自己认识的人，就必须用一些深层次的好话来满足对方的虚荣心，这样也就能给对方留下一个比较深刻的印象。但是这一切的前提都是在适当的时机才能这么做，不能在对方心情不好，甚至是工作不顺利的时候去说，否则就会适得其反。

最后要注意的是，在交谈过程中每个人都有表现欲，同时也就有被发现、被承认、被赞赏的内在心理需求。因此，在和对方交谈的时候，一定要满足对方的这种欲望，不能一味地跟对方说好话，适当地留一点空间给对方慢慢地品味你的好话，就像吃一道美味佳肴一样，必须要给他留出足够的时间来品。如果你只热衷于表现自己，而轻视他人的表现，对自己的一切津津乐道，而对他人的一切不屑一顾，就势必会造成自吹自擂、自我陶醉的不良印象，最终好话也就变成空话了。

在现代这个商业社会，更是要懂得怎样说话，怎样说好话，以下有一则故事可以作为前车之鉴。

乔治是美国加利福尼亚州鼎鼎有名的大亨，资产超过10亿美元。某年，他与商业伙伴戴维从加州飞到中国某大城市，准备在那里投资建厂，为此，他需要寻找合作伙伴。经过多方努力，三天后，乔治终于坐到了谈判桌前，和他谈判的对象是中国某一大型企业的领导。这位领导之所以能坐到谈判桌前，就是因为他的精明能干和通晓市场行情的本领令乔治颇为欣赏。特别是当乔治听了这位领导对合资企业的宏伟设想后，他似乎已看到了合资企业的光辉前景。可是正准备签约的时候，忽听这位领导又颇为自豪地侃侃而谈道："我们企业拥有2000多名职工，去年共创利税700多万元，实力是绝对的雄厚……"

听到这儿，乔治立刻呆滞了，他暗暗地掐指一算：700万元人民币折成美元是90余万，一个2000多人的企业一年才赚这么点儿钱；而且，这位领导居然还表现得十分自豪和满意，看来合作以后这个企业肯定会令乔治非常失望，因为与自己预想的利润目标差距实在太大了。还好合同还没有签，于是，乔治决定立即终止合作谈判。

眼看马上就要到手的投资就这样飞了，原因仅仅是因为一句话，况且还是因为一句好话。试想，如果那位领导当时能保持一下冷静，那么这事不就成了吗？只能说明这位领导说话还没找对时机，甚至说他在商场摸爬滚打几年还没有学会如何说话，还不知道在什么场合说什么样的话，最终也因为这个问题而失去了一笔很大的投资，给国家造成了较大的经济损失！

好话并不是什么时候都适用，并不是什么时候都能给自己带来好处，而是要看时机。时机对了，那就是力量；时机不对，那就成了阻碍。

学会在合适的时候"装个糊涂"

有的人喜欢表现得聪明，可能自己并不那么厉害，却总希望每个人都不如自己，这样的人是真聪明吗？并不见得，这样的人应该叫没有心智。有人看起来很傻，平时反应都要比别人慢半拍，却是个"心里明白"的人，这样的人才是真正的聪明人。

"装傻"是一种技巧。它不是要一个人时时都在"作假"，如果这样，那这个人就真傻了，而是一个人为某种所需，而做出的适时的装傻之举。石油大王洛克菲勒给他儿子写过很多信。其中有许多信的内容就是在告诉他儿子做人的道理以及为人处世的方法。其中有一封是说"装傻也是一门学问"。这句话说得很好，与我们平时说的"难得糊涂"的道理是一样的。

齐国的隰斯弥去见田成子，田成子和他一起登上高台向四面眺望。三面的视野都很畅通，只有南面被隰斯弥家的树遮蔽了。

田成子当时也没说什么，隰斯弥回到家里，叫人把树砍倒，没砍几下，隰斯弥又叫别砍了。他的家人问："您怎么这么快就改变主意了。"

隰斯弥答道："田成子是有篡位野心的人。如果我表现出我能够在精微处察觉事情真相的能力，那我必然会有危险。不砍倒树，未必有罪。而知道了别人的隐秘，那罪过和危险就不得了啦。所以我才决定不把树砍倒。"

我们都知道，"难得糊涂"历来都被推崇为高明的处世之道。装傻并非真的傻，而是大智若愚。做人切忌恃才自傲，不知饶人。锋芒太露易遭嫉恨，更容易树敌。功高震主不知给多少下属臣子招致杀身之祸。

在战场上，当你与敌人交战时，不要太聪明，应学会装傻。因为当你的对手认为你很聪明的时候，他会打起120分的精神来应对你，会让你头痛不已；而当你"装傻"时，你的敌人就会对你掉以轻心。试问如果是你自己的话，会不会太留意一个看上去没有能力又很蠢的人呢？但是胜负往往就在这一念之间。学会在敌人面前装傻，是一种示弱，但又是一种高明的策略，因为这会为你赢得时间与夺取胜利的机会，甚至是赢得敌人的友谊与宽容的机会，所以这样的人才更容易成功。而那些不善于适时装傻的人，到最后只有死杀硬拼，终成败将。

当今社会，有必要学会装傻，在与人交往时"傻一点"。这也就是指不炫耀自己的聪明才智，不反驳对方所说的话。其实要做到这一点是非常不容易的，不是人人都可以"傻"得恰到好处。如果装傻不能恰到好处，那么可能会弄巧成拙。必要时学会装傻才是真正聪明的人，做人不能太单纯了，也不能表现得太聪明了，该装傻时就装傻。

插话看时机,给对方留下良好印象

在别人说话时,我们不能只听到一半或只听一句就装出自己明白的样子。在别人说话时,我们要不时地做出反应,如附和几句"是的"等话语,这样既让说者知道你在听他说,又让他感觉你很尊重他,使他对你产生浓厚的兴趣。

但是,万事都有所忌,都要把握分寸。许多人过分相信自己的理解和判断能力,往往不等别人把话说完就中途插嘴,这种急躁的态度很容易造成损失,不仅容易弄错了对方说话的意图,还有失礼貌。当然,在别人说话时一言不发也不好,对方说到关键的时刻,说完后,你若只看着对方,而不说话,对方就会感到很尴尬,他会以为自己没有说清楚而继续说下去。

有不少人在倾听别人说话时唯唯诺诺,好像什么都听进去了,可等到别人说完,他却又问道:"很抱歉,你刚才说了什么?"这种态度,对于说话者来说是有失礼节的。

所以说，即使你真的没听懂，或听漏了一两句，也千万别在对方说话时突然提出问题，而是要等到他把话说完，再提出："很抱歉！刚才中间有一两句你说的是……吗？"如果你是在对方谈话中间打断，问："等等，你刚才这句话能不能再重复一遍？"这样，就会使对方有一种受到命令或指示的感觉，显然，对方对你的印象就没那么好了。

听人说话，务必有始有终。但是能做到这一点的人并不多。有些人往往因为疑惑对方所讲的内容，便脱口而出："这话不太好吧！"或因不满意对方的意见而提出自己的见解，甚至当对方有些停顿时，抢着说："你要说的是不是这样……"这时，由于你的插话，很可能打断他的思路，使他忘了要讲些什么。

尤其对推销员来说，在与客户交谈时绝不能随意打断客户的话，而应让他心平气和地把话说完，就算他的意见不符合实际情况，也要听下去，除非情况非常特殊。

让顾客充分表达异议，即使你知道他要说什么，也不要试图打断他。对顾客要有礼貌，认真地倾听，尽量做出反应。没有任何一个客户愿意与那些自作聪明的业务员打交道。如果你不能表现出对顾客及其问题的兴趣，那么你就无法赢得顾客的信任。

冯袁在镇上盖了一栋三层的小楼，当房子三层刚封顶时，几个朋友到他家吃饭。席间，来了一位专门安装铝合金门窗的个体户，与冯袁一见面就递了张名片。其实这个个体户的店铺门面也在镇上，冯袁虽然见过他，但没有过业务往来。

个体户与冯袁见面后，便开始推销自己的产品。听完个体户的介绍，冯袁说："虽然我们以前不认识，但通过我们刚才的交谈，我感觉你在铝合金门窗安装方面的经验很丰富，我也相信你能做得很好。不过在你来之前，我们厂里一名下岗钳工已经向我提起过这事了，说他下岗了，门窗安装之事让他来做……"

冯袁的话还没说完，个体户便插话道："你是说那东跑西走的小张吧？他最近是给几家安装了门窗，但他那'小米加步枪'式的做法怎么能和我们比呢？"

这话不说还好，一说便马上让冯袁改变了主意，他接着说："不错，他是手工作业，没有你们那先进的设备。但他现在已下岗在家，资金不够丰厚，只能这样慢慢完善。出于同事之间的交情，我也不能不给他做！"

结果个体户只得快快地离开了。之后，冯袁对朋友们说："这个个体户没听明白我的意思，把我的话给打断了。本来我是暗示他，做铝合金门窗的人很多，不光他一个上门来找业务的。我已打听过了，他做门窗已多年，安装熟练，而且也很美观。但他的报价很高，我只是想杀杀他的价格，可他的一番言语攻击了我同事，所以我宁愿找别人，也不要让他来安装。"

一个精明而有教养的人与人交谈时，即使对方发表长篇大论，喋喋不休，也绝不会插嘴。因为随便打断他人的谈话，不仅不礼貌，而且对促成合作无益。

同时，你还应注意一点，当别人谈话时，不要静悄悄地站在他们身旁，好像在偷听一样。你要尽可能找个适当的机会，礼貌地说："对不起，我可以加入你们吗？"或者大方地、客气地打招呼，叫你的朋友介绍一下，这样就能很自然地融入其中。千万不要打断他们的谈话，以免制造出尴尬的气氛。

随机应变,要懂得用幽默解决难题

幽默是人际沟通的润滑剂。智者们善用幽默使生活中激化的矛盾变得缓和,使难堪的场面得到化解,使紧张的节奏得到松弛。

幽默是一种人生境界,是看世界的宏大眼光,是看人生的全新角度。幽默是人生经过历练后的豁达,也是积极上进的状态。幽默使你在笑声中将自我与世界连接,与世界成为朋友。幽默同样可以培养出来。

1. 巧用停顿,意趣迸发

有一富人生性吝啬,一毛不拔。儿子大了,需要读书,他想聘请教书先生,但又舍不得多花钱,因此再三讲明他的膳食供给很微薄。可是,当时的一位老先生还是一口应允了。富翁恐怕口说无凭,要老先生写一张合约,老先生写道:"无鸡鸭亦可无鱼肉亦可青菜一碟足矣。"富翁一看,理解为"无鸡鸭亦可,无鱼肉亦可,青菜一碟足矣"。于是欣然签了字。

哪知吃第一餐饭时,富人让佣人端出一碟青菜给老先生下饭,老先生说富人违约:"怎么尽是青菜,我们不是约定了'无鸡,鸭亦可,无鱼,肉亦可;青菜,一碟,足矣'的吗?"结果弄得富人哭笑不得,连呼上当。

这里运用停顿来制造幽默,让人感觉到其发言很长,不料停顿之后意义突转,语意前后反差强烈,产生幽默效果。

2. 声东击西的幽默法

声东击西法,是一种更加含蓄迂回的幽默技巧。目标向东而先向西,欲要进攻先后退。利用幽默的语言来回击或反驳一些错误观点的时候,这种技巧的运用特别有力。

但是,声东击西法要取得好的效果,需要听众静心默思,反复品味。因为这种幽默技巧的特点是:你想表达的思想不是直接表达出来,而是以迂为直,被埋藏在所说出来的话后面。听众在听完话之后,必须有个回味的时间,才能体会出其中的奥秘。

有这样一个笑话:"劳驾,请问去警察局的路怎么走?"一个行人停步问路人。

"这很简单,你用石头把对面商店的橱窗给砸烂,10分钟后你就到了。"

路人似乎是答非所问,他没有具体回答去警察局的路线,却提示了去警察局的一种可行的办法:你只要制造事端,自然有人送你去警察局。这就是声东击西法的幽默。

3. 婉言曲说成幽默

有些事直接发表自己的见解不太合适,容易让人产生误解或不愉快,婉言曲说是很好的方法,而且这种婉言曲说不同于修辞格里的委婉修辞方法,它是形成幽默的一种语言艺术。

一般来说,幽默应避免敌意和冲突,否则,幽默就会失去意义。从这个意义上讲,婉言曲说是最适合构成幽默的方法。

凡有大智慧者,他们不仅仅专长于自己的一份事业,而且在待人接物上有着独到的迂回之术,他们能够在让人发笑的过程中不知不觉融入自己的观点。

Chapter 8
因人表达，跟谁都能聊得来

两个人聊得来，才能保持在同一频道上。无论是爱情、友情，或是亲情都是如此，要聊得来，感情才能深远而长久，经得住时间和现实的考验。另外，聊得来是情怀，更是一种需要。人的内心在本质上是孤独和寂寞的。人们需要一个"聊得来"的人来取暖，那种被认可和接纳的感觉，便是刚刚好的温度，温暖着内心。不过，聊得来是也需要技巧和方法的，要根据不同的人，表达不同的语言，这样才能帮你交到更多的朋友。

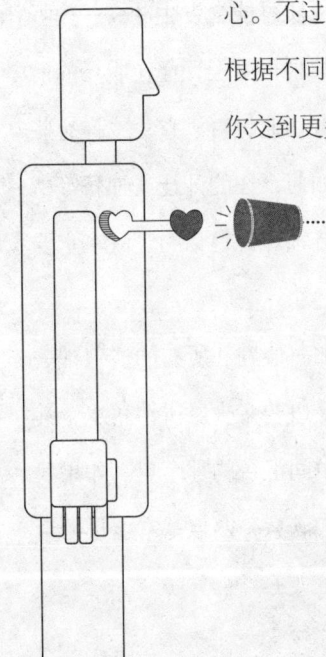

注意说话方式,让领导加薪并不难

如果你认为勤奋苦干就能让你在职场一帆风顺,那么你就想错了。职场环境复杂多变,并不是全部由才干和能力来决定你的前途和方向的。在这里,你的个人需求和公司的需求必须有一个恰当的结合点,你的个人爱好和工作性质可能会发生冲突……听起来让人比较沮丧的一个事实是,在某种程度上,你在职场的前途是由你的领导决定的,因此你必须得让他觉得满意;或许有些事情可能要询问同事的意见,但不管如何,你的升迁或加薪等事情毕竟最终是由他说了算的。所以对待领导,说话的时候一定要注意方式,尤其是想让他给你加薪的时候。

加薪是每个上班族最大的梦想,加薪谈判和所有的谈判都一样,必须先称称自己的斤两,再决定开口要多少。所谓薪水,其实就是我们的表现和老板给的待遇在中间汇合的那个点。如果我们的表现老板满意,老板给的待遇我们满意,两点基本上是汇合的，双方都满意；如果我们觉得自己表现很好，老板给的待遇比预期的低，那就只有开口去要了。

既然想要老板给你加薪，你就要先看看你"能"给什么，你"已经"给了什么，这样才有谈判的基础。首先你必须先看看你能给什么。要回答这个问题需先打听一下，从事你这行的人有多少，有经验的人又有多少，这些人的薪水大概是多少。如果跟你同行的人很多，你所做的工作既不是特别了不起，又不是特别繁重，你走了随时有人替补，那就没什么谈判的筹码了。如果"计算"之后，发现谈判筹码真的不多，你就得合计一下了：如果要求加薪不成，老板生气了，你还有哪一行可以"转业"或哪一家公司可以跳槽，那一行的行情又是如何。对于谈判来说，最重要的就是要先想好"万一"的时候，先找好退路。如果还没有退路，就硬着头皮乱冲，那么谈判根本就不可能成功，因为你心中根本就没底。

好的做法就是告诉领导："我在公司也做了这么久了，对公司也有很深的感情。但现在我面临了一些财务危机，不知道该怎么处理，所以来跟你商量一下。你看，有没有什么办法，让我为公司多贡献一些，并能得到多一点儿的待遇，以让我渡过这个难关。如果公司一时之间真的有困难，而另一家公司表示可以解决我的问题，那么，我可能只好转到那家公司了。将来如果财务问题解决了，公司还需要我，我还是希望回来，为公司再次效力的。"

接下来，就是找个提出加薪的时机了。什么事情都要看势头、观风向，加薪谈判也是这样。这里要看的时机，主要是领导的个人因素和整个行业的大环境。

个人因素包括什么呢？比如老板最近的心情如何；最近有别人要求加薪是否成功；老板反应如何；应该趁老板高兴的时候一起要求加薪，还是过一段时间再说，免得老板一下子碰到那么多要求加薪的人而被搞得焦头烂额，这些都是要考虑的。

另外还要看整个行业的"大环境"。比如，公司的营运有没有问题，买方新购货物与其存货销售比例如何，这些都跟你的谈判筹码有关。因为销售增加，是公司获得利润的具体表现。反之，如果公司的销售量增加，而客户的存货也不断增加，那表示客户是在囤积，到一定数目之后，他们就可能停止进货，那时公司的利润就会下降，那么这个时候就不是我们提出加薪要求的时机。

需要强调的是：第一，别忘了，办公室里也是一个小型社会环境，所以你要考虑你要求的薪水是否高于你的上级领导。第二，不要让自己卡在单位的底线上，随时要想变通的方法。比如你要求老板给你加薪10%，因为你过去5年都没有加薪了，你这个要求应该是合理的，老板也同意，但他提出每年给你加薪2%，这应该也是可以考虑的建议。

切记的就是不管你认为你的要求有多么合理，都要尽量用商量的语气跟领导说话。不要让领导觉得自己受到了威胁，或者被命令满足你的要求。一旦有了这种感觉，他会不自觉地拒绝你的要求，即使没有太多的理由。

用优秀的说话艺术，打动每一位同事

俗话说得好，"一句话说得让人跳，一句话说得让人笑"，同样的话语，不同的表达方式，产生的结果会迥然不同。那么，在办公室里同事之间的交往过程中说话要注意哪些事项呢？

1. 办公室里有话好好说，切忌在同事交谈中寻找辩论的乐趣

在办公室里与人相处要友善，说话态度要和气，要让人觉得有亲切感，即使是有了一定的级别，也不能用命令的口吻与别人说话。说话时，更不能用手指着对方，这样会让人觉得没有礼貌，让人有受到侮辱的感觉。虽然有时候大家的意见不能够统一，但是有意见可以保留。对于那些原则性并不是很强的问题，我们没有必要争得你死我活。的确，有些人的口才很好，如果你想一展才能，则可以用在与客户的谈判上。不过，有时候好辩逞强，会让同事们敬而远之，久而久之，你不知不觉就成了不受欢迎的人。

2. 不要跟在别人身后人云亦云，要学会发出自己的声音

老板赏识那些有头脑和主见的职员。如果你经常只是别人说什么你也说什么的话，那么你在办公室里就很容易被忽视，你在办公室里的地位也不会很高了。不管你在公司的职位如何，你都应该发出自己的声音，应该敢于说出自己的想法。

3. 不要在办公室里当众炫耀自己，不要做骄傲的孔雀

如果自己的专业技术很过硬，如果你是办公室里的红人，如果老板非常赏识你，这些就能够成为你炫耀的资本了吗？骄傲使人落后，谦虚使人进步。再有能耐，在职场生涯中也应该小心谨慎。强中更有强中手，倘若哪天来了个更加能干的员工，那你一定会成为别人的笑料。

倘若哪天老板额外给了你一笔奖金，你就更不能在办公室里炫耀了，因为别人在一边恭喜你的同时，一边也在嫉恨你呢！

4. 办公室是工作的地方，不是互诉心事的场所

我们身边总有这样一些人，她们特别爱侃，性子又特别直，喜欢和别人倾吐苦水。虽然这样的交谈能够很快拉近人与人之间的距离，使你们之间很快变得友善、亲切起来，但心理学家调查研究后发现，事实上，只有1%的人能够严守秘密。所以，当你的生活出现个人危机，如失恋、婚变之类的，最好还是不要在办公室里随便找人倾诉。当你的工作出现危机，如工作上不顺利，对老板、同事有意见和看法时，你就更不应该在办公室里向人袒露

胸襟。自己的生活或工作有了问题，应该尽量避免在工作的场所里议论，不妨找几个知心朋友下班以后再找个地方好好聊。

5. 切忌喋喋不休，独占谈话时间

许多人在与同事交谈中，总将自己放在主要位置，自始至终一人唱独角戏，喋喋不休地推销自己，滔滔不绝地诉说自己的故事。有个名人说过，漫无边际的喋喋不休无疑是在打自己付费的长途电话。这样不但不能展示自己的口才，反而令人生厌。"一言堂"不能交流思想，不能增进感情。交谈时应谈论共同的话题，长话短说，让每个人都充分发表意见，留心别人的反应，这样才能融洽气氛，众情相悦。正如亚历山大·汤姆所说："我们谈话就像一次宴请，不能吃得很饱才离席。"

6. 切忌逢人诉苦，散播悲观情绪

在生活中，每个人都会遇到挫折和苦难，但每个人的处理方式会不同，有的人迎难而上，有的人知难而退，有的人却将苦难带来的忧愁传染给别人，在众人面前条陈辛酸，以获同情。在与同事交往中一味地诉苦会让别人觉得你没魄力，没能力，会失去别人对你的尊重。

7. 切忌过于张扬，显示自己的"小聪明"

在与同事的交谈中，谈话的内容往往涉及天文、地理、历史、哲学等古今中外、日月经天、江河行地般的话题。如果你在交谈中表现"万事通""要大能"，到时定会打自己的嘴巴，砸自己的脚。因为交谈是相互了解、相互交流的方式,而不是表现学识渊博、见识广泛的舞台。更何况老子曾说过:"言者不知,知者不言。"交谈中什么都说的人其实什么都不知道。

恋爱中言语间多放点蜜

男女相处的时候，有时甜言蜜语非常受用，尤其是爱侣已到了接近谈婚论嫁的阶段，你不妨大胆些，在言语间多放点蜜。

女人就是希望，"我在他心目中是最重要的人""我对他是不可缺少的人"。在大多数女性心中，有时言语比行动更为重要。假如男人不在她们耳边重复地说"我爱你"，她们就认为不能与对方沟通，认为对方不在乎自己，自己在对方心里没地位。

尽管有些时候，女人心中也明白自己在恋人心中的地位，但她还是希望恋人能把它说出来。她们之所以要求男人这样做的唯一理由就是：你关心我就要说出来让我知道，你不说，我又怎么会知道呢？而大多数男人则认为，实际的行动比甜言蜜语要重要得多。他们往往只注重满足女人的一些实际要求，而忽视了满足女人的心理需求。在现实生活中，许多情侣都因此产生过隔阂，为此分手的也不在少数。

因此，满足女性的这些心理需求是男性需要学习的，"我爱你""我喜欢你"这些话对女性是非常重要的。女性认为这是展示她们内在价值和魅力的标志所在。

每个女人都有爱听温柔、甜言蜜语的天性，沐浴在爱河中的人的字典里，是没有老套的字眼的。任何海誓山盟，"爱你爱到入骨"的话也可说，不必怕肉麻，除非你并不爱她。

与她久别重逢时你可以讲："好像在做梦，多么希望永远不要清醒。"

你以充满爱意的眼神望着她："总是惦念着你！别的事我一概不想……我的感觉，好像一直跟你在一起。"这是"无法忘怀、时时忆起"的心境，只要谈过恋爱的男女，一定有些经验的。除了她以外，任何事都不放在眼中，总是想念着她。上面那句话不用怕羞，可以反复使用。相爱之初，热烈的甜言蜜语绝对不会使人感到厌烦，也许还认为不够呢！

"你喜欢我吗？"你不妨大胆地问他。

"说说看，喜欢到什么程度？"或用这样的语气追问。"请你发誓，永远爱我！"甚至你单刀直入地这样对他撒娇说。

"世界是为我们而存在，对不对？"

"你爱我，我可以抛弃一切！你也是这样？爱就是一切。"

还有许多甜蜜的爱语。有很多女性使用如此甜蜜的词句来表达爱意。像这样的言语接二连三地向男性表示"永远不变的纯真爱情",女性便会沉浸在自我陶醉之中。而男性的反应也会是积极的。

当然,在爱情中"我爱你"的言辞用得过多,未免有庸俗之感,倘若你换用"我需要你!"就显得有实际的感觉。"需要"与"爱"所表现的感受,对男性而言,似乎前者胜于后者。

男性在社会活动中,喜欢被人发现自己的存在价值。恰当地运用甜言蜜语,可以使两人之间的爱情温度逐渐升高。然而这样的话只能用两人听得到的声音互相呼应,如果在许多朋友面前得意地大笑,周围的人会感觉很扫兴,还会恶心。

"怎么了?愁眉苦脸的熊猫,明天工作一定会顺利进行,提起精神,振作吧!"你可以选用这种很开朗的呼唤与安慰。这时他会回答:"我是愁眉苦脸的熊猫,那么你是花蝴蝶?"

甜蜜的称呼也会在两人之间产生情意的相投。他的内心也会逐渐恢复平静,并感觉到你温暖的爱。

夫妻间嘴上让一步，生活更和睦

一位著名的文人说过："无论男女，应该先学会吵架，再结婚生孩子、过日子。不要认为你有多么了解你的爱人，因为勺子早晚是要和锅沿磕碰的。"夫妻毕竟是两个人、两种性格的组合。要知道，任何时候的两强对抗都会破坏固有的平衡，激发矛盾。夫妻之间凡事应该互相商量，多做自我批评，相互理解，加强情感沟通。夫妻是要共度一生的伴侣，不能因为一点点小事就分开。在生活中，夫妻双方一定要互相谦让，嘴上让一小步，生活才能更和睦。

哲学家苏格拉底娶了一个泼妇做妻子。一天他被妻子吼得受不了了，逃出家门。刚下楼，一盆脏水当头泼下。他抬头看看说："我就知道，响雷过后，必有大雨。"他还说过："我娶了天下最难对付的女人，以后就不用担心遇上更难对付的人了。"

自嘲也好，幽默也好，我们应该学学他的气度，巧妙化解夫妻间的矛盾。

1. 包容

家庭生活是一门讲究包容的艺术。一对陌生男女，经过相识交往后，走进一个屋檐下开始共同生活，那么，两个人的生活方式、饮食起居、消费习惯等总会有差异，因而夫妻双方难免会有磕磕绊绊，发生争执。一旦发生争执，必须有人妥协，不妥协只会使争执升级，导致两败俱伤。所以，幸福家庭中的夫妻一定都是妥协高手。

2. 尊重

除了包容，夫妻双方互相尊重，也能使感情更为融洽。例如："你看这样行不行？""咱们有时间去看个电影吧？"

在称谓方面尽量多用"你"和"我们"，少用"我"。因为夫妻会有"两位一体"的组合心理，经常使用"我们"一词来建立"两位一体"的关系，久而久之，你们的关系会更好。

3. 赞美

夫妻相处，虽然不比恋爱时甜蜜，但是也需要用赞美的话语加加温，如果不善于赞美恋人，就很难获得对方的好感，难得让生活更加甜蜜。生活中，只要细心观察，赞美之词是不难找到的。如："你对这个问题的看法，很有新意。""这种发型与你的脸型很相配，非常好看。""这样再合适不过了！"而且这些甜言蜜语需要轻轻地说出来。轻言细语可以较好地表达依恋、倾心的微妙感情，可以体现温柔、抚爱，还可以把双方共同带进一个温馨的世界。当产生了小误会或偶有意见不合时，若在对方耳旁说上几句甜言蜜语，对方一定会感到无比幸福，误会与不和将顿时烟消云散。

4. 谦让

夫妻吵架，不管谁赢都达不到解决问题的目的。吵架的结果应该是达成一致的看法，通常这个看法会兼顾双方的意见。夫妻吵架往往是各讲各的理，根本听不进对方的话。记住，一旦你选择了他（她），那他（她）对你来说就是最优秀的。多想一些好的办法阻止争吵，比如，你可以说："亲爱的，我们和好吧。"

5. 示弱

在年轻夫妻中，任性、好胜、以自我为中心者不在少数。小两口闹意见、生闷气、谁也不理谁的情况很普遍。其中，又多是性格内向的一方首先进入无言的状态。男女相比，后者比前者更爱耍小脾气，使小性子。当夫妻间的争吵转为斗嘴后，为了避免事态恶化，一方必须主动示弱。

学会拉近人脉关系，扩大交际圈

人脉是人际关系及其脉络，只有将人际关系串成一个网络，有意识地去维护、运用，并进行扩张，这样的人际关系才可以被称为人脉。任何两个原本素不相识的人之间，借助特定的联系方式，必然能够产生必然联系或关系。也就是说，如果能善于把握关系，我们就有可能给自己一个意想不到的结果。

如果想和别人建立朋友关系，一张嘴就让对方觉得亲切，那你一定要多做功课。也许你还不知道，你们之间的距离并不远。由此可见，只要了解对方的关系网，了解对方所属的圈子，我们就能有针对性地跟对方进行沟通。

为了能结识更多的朋友，在平时生活中，我们要注意扩大自己的交际圈，用有效的手段促进跟本来交往平平的人的关系。不要求必须跟对方变成密友，但最好留下不错的印象，以便于将来的某一天可以用到这个关系。

不仅在日常生活中要用到关系网,职场同样离不开关系网,它是职场人士说话办事时不可或缺的一招。

朱媛媛所在的部门准备举办个座谈会,为了提升座谈会的档次,她向领导列出了一份名单,上面涉及三位响当当大人物的名字,领导对此表示很满意。

等到具体操作的时候,朱媛媛蒙了,该怎么办呢?她还是鼓足勇气,联系了其中看起来比较有亲和力的一个大人物。打电话的时候,朱媛媛说得非常诚恳,她没说我们这个机构需要您来演讲,而是说:"无数的年轻人期待分享您的经验。"于是,大人物表示要考虑考虑,没给正面答复。

接下来,朱媛媛赶紧去找第二个大人物,他将那份名单呈上,并强调这是一个阵容强大的座谈会。

大人物反问:"其他人都来吗?"

朱媛媛这时只能含糊其词地说,联系的第一个大人物非常感兴趣,基本上是没什么问题。

这样,第二个大人物也动心了。

于是,朱媛媛赶紧趁热打铁,联系了所有名单上的人物,利用第一个和第二个大人物的盛名去说服第三个人过来,利用三位大人物的影响力再请到其他的人。

这个故事告诉我们，在当代社会，如果想大规模地运作一件事情，必须得学会同时跟多个人打交道，巧妙利用人性和人心的规律，这样才能实现自己的目的，建立庞大的人脉资源网络。

有些朋友又犯难了，怎样才能拉近跟一个交往不深的人的距离呢？突如其来的赞美？不，那样会显得矫揉造作、不伦不类。不如盛赞跟对方密切相关的其他事物，效果也许会出乎意料呢！

跟人初次接触时，还有一个增加亲切感的话术，那就是在对话中多增加提起对方名字的频率，或者使用显得亲近一点的称呼，比如"赵哥的意思是让我们再来一趟""张哥对我照顾得挺多的"。当你一直将对方的称呼挂在嘴边时，对方心里就会涌起一股亲切感，并感觉自己似乎跟你早已相交多年。

这一点也不难理解，被喊出名字的人通过这种感受，会认定称呼自己的人对自己是非常认可的，试想，谁会讨厌认同自己的人呢？

Chapter 9
开口有禁忌，说话也要体现高情商

情商高就是会说话。情商高的人不仅能在交流中说出重点，还能在措辞中渗透情感，懂得什么该说什么不该说。没有人会喜欢开口毫无禁忌的人，即便说出重点也不会被人接受。

因此，你不仅要学习如何开口说重点，也要学习一些关键的高情商说话技巧。本章将给大家介绍一些相关的技巧和方法，相信只要掌握方法，勇于实践，你一定能够成为一个高情商的沟通高手。

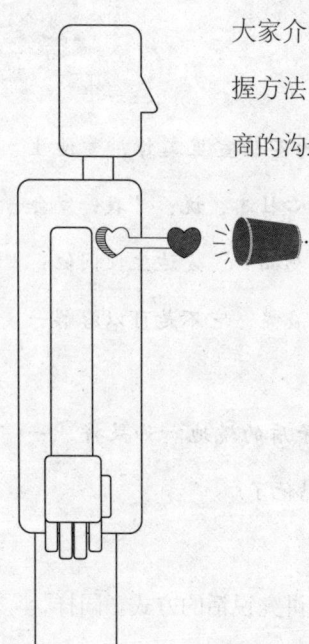

管住嘴巴，慎重开口不吃亏

在社交场合，我们要根据不同的情况说不同的话。在说话时一定要慎重，不该说的千万不能信口乱说。科学史上有过这样一件事：

一个年轻人想到大发明家爱迪生的实验室里工作，爱迪生接见了他。这个年轻人为表示自己的雄心壮志，说："我一定会发明出一种万能溶液，它可以溶解一切物品。"爱迪生便问他："那么你想用什么器皿来放这种万能溶液呢？它不是可以溶解一切吗？"

年轻人把话说绝了，陷入了自相矛盾的境地。如果将"一切"换为"大部分"，爱迪生便不会反诘他了。

不管是在生活还是在工作中，都要讲究说话的方式。同样，在社会交际的过程中,也要把握好说话的分寸,恰到好处地说好该说的话。

打工妹李梅找到了一份在饭店做服务员的工作,却只上了一天班就被老板辞退了。其实她的条件并不是很差,也没有做错什么事,只是不小心问了一句不该问的话。

那天,李梅刚一上班,店里就进来了三位客人,她随即拿出菜单,去让这三位客人点餐,第一位客人点的是糖醋里脊,第二位客人点的是宫保鸡丁,第三位客人点的是京酱肉丝,但是,他们特别强调要用干净一点的杯子倒啤酒。

很快,李梅将这三位客人所点的菜,用盘子端了出来,一边朝他们坐着的方向走来,一边还大声地向这三位客人问道:"你们谁要用干净一点的杯子盛酒……"

就凭李梅的这一句话,老板当然会毫不客气地向她下辞退令,因为她的问话很使老板脸上无光。

可见,在社交场合中与人讲话,"嘴上得留个把门的",要根据不同的情况而说不同的话,同时在说话时要慎重考虑哪些话该说,哪些话不该说。

当然,"人有失足,马有失蹄"。在人际交往中,无论是谁,都免不了随时可能发生言语失误。虽然原因有别,但它造成的后果却是相似的：或贻笑大方，或纠纷四起，或不可收拾。

那么，能不能采取一定的补救措施或者矫正之术，去避免言语失误带来的难堪局面呢？回答是肯定的。在生活中，你的言语出现失误是可以弥补的，只要你善于运用其中的技巧，你的言语表达同样可以达到预期的效果。比如说，高明的辩论家在被对方击中要害时决不强词夺理，他们或点头微笑，或轻轻鼓掌。如此一来，观众或听众弄不清葫芦里藏的什么药。有的从某方面理解，认为这是他们服从真理的良好风范；有的从另一方面理解，又以为这是他们不屑辩解的豁达胸怀。而究竟他们作何答复是个未知的谜。这样的辩论家即使要说也能说得很巧，他们会向对方笑道："你讲得好极了！"

由此可见，话语乃世上最好的东西，因为它能够给人带来各种你想要的成果；但是它也是世上最不好的东西，因为它能够给你带来足以让你灭顶的灾祸。如何运用，就在于你自己。如果你嘴上没有把门的，喜欢到处说人是非，又不会及时地进行补救，那么你面临的可能就是灭顶之灾。所以一定要管住自己的嘴巴，做到讷于言而敏于行。前车之鉴，后事之师。聪明人会慎言慎行，当心祸从口出。

毫无遮拦地揭短，易伤对方自尊

耻笑讥讽的语言是一把双刃剑，在伤害别人的同时，也会伤害到你自己。古人云："唇齿之伤，甚于猛兽；刀笔之烈，惨于酷吏之刑。"

《韩非子·说难》篇中曾对龙做了如下描述：龙的性情非常柔顺，人们可以和它亲近，甚至可以把它作为自己的坐骑。然而，它的喉下有一块长约尺许的逆鳞，如果有人触摸了它，那么它必然会发怒，以致伤人致死。

其实，岂止龙有自己的忌讳之点，世界上每一个人都有自己的忌讳，也就是常说的"短处"。鲁迅笔下所描绘的阿Q、孔乙己、祥林嫂都是我们大家所熟悉的人物，他们虽然性格各异，但在他们身上却有一个共同的特点，那就是都有一处最怕人触碰的"短处"。

阿Q最怕的就是有人说他头上的疤，谁要是犯了这个忌讳，他准会去找人家拼命，小D就曾为此领教过他的拳脚。有人揭孔乙己的短，他会涨红了脸，强词夺理，竭力争辩。祥林嫂的忌讳是她曾嫁过两个男人，这是她精神上最大的负担和面子上最大的耻辱，她捐过了门槛后，本以为自己变成了干净女人，动手去拿供品，但四婶大喊一声，使她旧病复发，精神崩溃。

人们之所以有忌讳，怕别人揭自己的短处，说到底是自尊心的问题，怕脸面上过不去。所以，你若想获得朋友，说话千万不能口无遮拦，一定不要触碰他们的短处。

古代有一则故事，说的是有一个叫鱼子的人，生性古怪，对人尖酸刻薄，总好揭人短处并以此为乐。有一天，朋友们坐在一起吃酒，其中一个叫吴丑的因老婆管得太严厉而不敢多喝。鱼子便吵吵嚷嚷地说："你们知道吴丑为什么不敢吃酒吗？是他的老婆管教得太严了，有一次，吴丑喝醉了酒，还被老婆打了几个耳光呢！"吴丑被鱼子当众揭了短处，恼羞成怒，拂袖而去，结果大家不欢而散。

生活中像鱼子这样的人不乏少数，他们似乎认为，只有揭了别人的"短"，才足以证明自己的"长"，以此来获得心理上的满足。孰知这样的结果只能使人们对他们避而远之。

但凡具有一定修养、品德高尚的人是从不揭人之短的，这样的例子在历史上比比皆是。人们对于自己的忌讳，通常极为敏感。由于心理作怪，往往把别人的无意当成有意，把无关的事主动与自己相联系。有时，你随口谈一点什么事，也很可能被视为对他人的挖苦和讽刺，正所谓"说者无意，听者有心"。因此，我们不仅应避免谈论别人的忌讳之点，而且还应注意不要提及与其忌讳之点相关联的事物，以免造成对方的误会，以致使他的自尊心受到无谓的伤害。

在日常生活中，诸多言辞并不是我们非说不可的，因此，既没有必要唇枪舌剑，也没有必要信口开河。有些话语，说得多了，不但不会获得任何好处，反而会招来许多是是非非。俗话说："良言一句三冬暖，恶语伤人六月寒。"因此，我们要把握好说话的分寸，不羞辱他人，不当众揭人短处，开口说话之前要先过下脑子。这样你的话语才不会伤害、侮辱到他人。

绝对话语要绕开,谦虚才是显自信

谦虚是一种人生哲学。所谓"物极必反,否极泰来"。这句话的意思是说,行不可至极处,至极则无路可续行;言不可称绝对,称绝对则无理可续言。做任何事,进一步,也应让三分。古人云:"处事须留余地,责善切戒尽言。"

在做事方面,对于别人的请求,你可以接受,但不要"保证",应代以"我尽量"或"我试试看"等话语。对于上级交办的事,你当然要接受,但不要说"保证没问题",应代以"应该没问题,我全力以赴"之类的字眼。这是为万一自己做不到所留的后路,而这样说事实上也无损你的诚意,反而更显出你的谨慎,别人会因此更信赖你,即便事没做好,也不会责怪你。

与人交往时,如果出现意见分歧,你不要口出狂言,更不要说出"势不两立"之类的话,不管谁对谁错,最好是闭口不言,以便他日需要携手合作时还有"面子"。尤其应该注意的是,对人不要太早下结论，如"这个人一辈子没出息"之类的话最好不要说。

说话不留余地等于不留退路，"要么成功，要么失败"的简单逻辑已经不适合这个复杂多变的社会。为此付出的代价有时是你无法承受的。与其和自己较劲，不如改变一下说话方式，多用一些不确定的词句，给自己留条退路。

用不确定的词句一般可以降低人们的期望值。比如，在你不能顺利地完成任务时，人们会因对你期望不高而用谅解来代替不满，有时他们还会因此看到你的努力，不会全部抹杀你的成绩；假如你能出色地完成任务，他们往往会喜出望外，这种增值的喜悦会给你带来很多好处。

李世民当了皇帝后，长孙氏被册封为皇后。当了皇后，地位变了，她考虑的就更多了。她深知作为"国母"，其行为举止对皇上的影响相当大。因此，她处处约束自己，处处做嫔妃们的典范，从不把事情做过头。她不尚奢侈，吃穿有度，除了宫中按例发放的，不再有什么要求。她的儿子被立为太子，有好几次，太子的乳母向她反映，东宫供应的东西太少，不够用，希望能增加一些。但她坚决不答应，因为她不能搞特殊化。

长孙皇后说："做太子最发愁的是德不立、名不扬，哪能光想着宫中缺什么东西呢？"她不干预朝中政事，尤其担心她的亲戚以她的名义结成团伙，威胁李唐王朝的安全。李世民很敬重她，朝中赏罚大臣的事常跟她商量，但她从不表态，从不把自己看得特别重要。皇上要委她哥哥以重任，她坚决不同意。李世民不听，让长孙皇后的哥哥长孙无忌做了吏部尚书，皇后派人做哥哥的工作，让他上书辞职。李世民不得已，便答应授长孙无忌为开府仪同三司，皇后这才放了心。

长孙皇后得意时不把各种好处占全，不把所有功名占满，确实做到了"为自己留余地"。

把话说得太满，并不能与自信画上等号。谦虚是一种人生哲学。从一个人说话的态度，可以看出他的自信。真正有自信的人，懂得谦卑，不会把话说得太满。

总之，说话留有余地，不把话说得太满、太绝，是处理人际关系的一种策略。

委婉表达，不要张口直言

"祸从口出""言多必失""谨于言，慎于行"等俗语、名言，都在教我们说话一定要小心谨慎，切不可口无遮拦、口不择言。《管子·形势解》中有这样一句话："圣人择可言而后言，择可行而后行。"意思是说：贤圣之人在说话、行事之前总是要经过一番周密、谨慎的思索，而后言可言之言，放弃不可之辞，行当行之行，搁不妥之举。这句话启迪后人身处于世，谨于言而慎于行，实为一种优良品格和修养。从根本上来说，它也是保全自身、少致不顺的明智选择。"择可言而后言，择可行而后行"既是圣人之风，也是智者之品格。

委婉含蓄的表达是一种语言的艺术。委婉含蓄的表达比口无遮拦、直截了当地说更能体现人的语言修养。直言不讳、开门见山虽然简单明了，但给人的刺激性太大，容易伤害对方的自尊心。

例如一个服务人员在向顾客介绍衣服的时候，经常会说：

"你的脸盘比较大,适合什么样的领子,你的臀部长得不规范,适合穿什么样的裤子。"应该这么说:"你是不是觉得穿上这种领型的衬衫会更漂亮?""这种强调颈部和夸张肩部的设计对平衡上下身的围度比例将会起到更好的调节作用,使整体匀称又不失成熟美。"这些建议的话,虽然前后意思相同,但后者委婉而又礼貌,比较得体,听起来使人轻松自在、心情舒畅,也更容易让人接受。

委婉含蓄的语言,既是劝说他人的法宝,又能适应人们的自尊感。换句话来说,委婉含蓄的语言就是成熟、稳重的表现。中国人讲究曲径通幽的含蓄美,虽然它和条条大路通罗马是一个意思,但一比较即有明显的差别,而智者往往就是说话委婉含蓄。

因此,无论什么时候,说话都要注意方式。生活中,有很多问题,都可以用婉言表达,其功效是免除怨怒,让人与人之间充满友好和谐的气氛。

唐文宗年间,著名的诗人、太学博士李涉一次途经九江遭到了强盗拦劫。李涉手中没有任何武器,眼看就要束手受辱。这个时候李涉面对强悍的绿林大盗,口吟一首七绝:"春雨潇潇江上村,绿林豪客夜知闻,他时不用相回避,世上如今半是君。"那些强盗听后大喜,于是以礼相待李涉,求的只是想要把诗留下来,然后平安放他过去。俗话说:"秀才见了兵,有理说不清。"

李涉面对的是与官家为仇的绿林大盗，一句话说不好，就会招致杀身之祸。这个时候李涉充分利用了自己的优势，准确地把握住了对方的心理：第一，作为一个绿林好汉，重的是义气，因此李涉首先非常尊重他们，并且还称他们为"豪客"，并且还在诗中表示愿意和他们做朋友，不管什么时候见了都可以亲密地交往，不用"回避"，这就让那些绿林强盗不好再与他为敌。第二，作为一个强盗，忌的是一个"贼"字，而李涉却用"客""君"这些字眼来称呼他们，并且把他们粗暴的拦劫行为说成是"夜知闻"后的善意相访，这些行为举动让强盗不能再与他为敌。第三，作为著名的诗人，他以诗作答，显示了自己的身份，以自己的名声影响了强盗们的心理，并且还在诗中说出了他们在世上占有的地位，提高了他们的身价，让他们不能不以礼相待。这时，这些一直受歧视的人觉得获得他的这首诗，比得到再多的钱财都要珍贵。于是他们不但没有伤害他，而且还对他倍加尊重。李涉准确地把握了对方的种种心理，仅用四句话就让自己转危为安。

在这里我们可以想一下，如果他不用变通的语言，可以说是必死无疑的，而他则打破了"老实"的说话技巧，救了自己一命……

丘吉尔说："要让一个人有某种优点，你就要说得好像他已经具备了这种优点。"如果有人遇到困难畏首畏尾，或者办起事情来犹豫不决，那么你不妨适时而委婉地对他说："这样前怕狼后怕虎的,不是你以前的表现呀,你是个很有决断力的人。"先给他戴上他应该具备的优点的帽子,予以鼓励。由于给他一个良好形象的"定位",所以他会为此而努力,从而改变目前的不好做法。而不应直说:"你这个人真笨,什么事情都办不好。"这样一棒子把他给打死了,对方也就更加丧失了勇气和信心。

如果有不速之客蓄意打探你的个人隐私,你又不便直接回答时,不妨说出一些不着边际的话语以示回答,对方在感到莫名其妙后会知趣而退,同时,隐隐感受到你的不可冒犯。这种大智若愚的话语,就是一种婉言的表达方式。

一般来说,口不择言乱说话的人有两种,一种就是狂妄自大、出言不逊的人;而另一种就是那种心直口快、不顾后果说话的人。后一种人说话往往没有恶意,却会无意中伤害了他人。

一剃头师傅家被盗。第二天早上,来了一位顾客,见剃头师傅愁容满面,就问他为何,剃头师傅回答道:"我辛辛苦苦剃头攒下的一年积蓄昨夜被小偷偷去了。唉!想一想,权当替小偷剃了一年的头吧!"顾客一听还没坐下就生气地走了。

像这样不会说话的剃头师傅,真是砸自己的饭碗。

有一财主过大寿在寿宴上,客人同说"寿"字酒令。一人说"寿高彭祖",一人说"寿比南山",一人说"受福如受罪"。众客道:"这话不吉利,而且此'受'字也非彼'寿'字,该罚酒三杯，另说好的。"这位客人喝了酒，又说道："寿夭莫非命。"众人生气地说："生日寿诞，怎可说此不吉利之话。"这位客人自知失言自悔道："该死了，该死了。"只见在一旁的财主脸色铁青，一言不发。

由此可见，如果我们说话时不加注意，就可能伤人败兴，引起误解，惹怨招怒，甚至可能引火烧身。所以，我们说话时一定要注意说话的场合、对象、气氛，不要口不择言，张口就说。时刻谨记"修其辞而立其诚，谨于言而慎于行。绝不轻于言，击必有中"，这是一种良好的生活态度和习惯，对于事业的成功和生活的美满都大有裨益。

多听别人说话，忌自吹自擂

所谓说话低调就是不给别人留下张狂的印象。自满自得、自高自大的炫耀自己，往往是愚蠢无知的表现，有时还会使自己的名声受损。很多人急于让对方明白自己的意见，话说得太多了。要知道，有时候话说得太多跟不说话的效果差不多。大多数人想使别人同意他们的观点，可是他们自己的话却说得太多了。你难道比他们自己更了解他们吗？既然不是，为什么不让对方自己说出来呢？所以，在必要的时候，你需要向他们提一些问题，让他们告诉你一些事情。这样不仅能让对方表现自己，满足自己的虚荣心，更能获得对方的好感。

在别人说话的时候，如果你不赞同他的意见，你最好不要阻止他。当他人还有许多意见要发表的时候，他是不会注意你的。你要忍耐一点，认真听取他人讲话，并要鼓励他彻底说出自己的意见，而这种做人做事的原则在商业活动中是很有实用价值的。

几年前,美国一家最大的汽车公司正在联系采购全年度生产所需的坐垫布。三家有名的厂家已经做好样品,并接受了汽车公司的检验。随后,汽车公司给各厂发出通知,让各厂的代表做最后一次的竞争。

其中一个厂家的代表雷茨先生来参加这次竞争,他正患着严重的咽喉炎。雷茨先生说:"我嗓子哑得厉害,几乎不能说话。我与纺织工程师、采购经理、推销主任及该公司的总经理面谈时大家都坐在一起,当我站起身来,想努力说话时,却只能发出沙哑的声音。"

"所以我只好在纸上写了几个字:诸位,很抱歉,我嗓子哑了,不能说话。"

"我替你说吧,"汽车公司总经理说。后来他真那样做了,他帮雷茨展出他带来的样品,并讲述它们的优点,这引起了在座其他人极大的关注。那位经理在发言中一直站在雷茨的立场说话,雷茨在会上只是用微笑点头及少数手势来表达自己的观点。

令人意想不到的是,雷茨得到了那笔合同,订了50万码的坐垫布,价值160万美元,这可是雷茨一直以来得到的最大的订单。

雷茨说:"我知道,要不是我实在不能说话,我很可能会失去这笔订单。通过这次经历,我发现:让他人说话有时更有价值。"

一家电气公司的业务员乔恩也有同样的发现,让别人说话对自己更有利。

有一天，乔恩来到一个生活比较富裕的村中做考察。"为什么他们不使用电？"当他经过一家整洁的农家时，他不解地向该区代表问道。

"他们是吝啬鬼，别指望卖给他们任何东西，"区代表答道，"他们对公司不感兴趣，我已经试过多次，真是无药可救了。"

尽管他这么说，但不试一试乔恩仍不甘心，他走过去叩一农家的门。门只开了一条小缝，一位老妇人探出头来。

她一看见公司代表，就立刻把门一摔。

乔恩说："夫人，打搅你了，我不是来卖给你什么东西的，我只想买些鸡蛋。"她探出头来怀疑地望着他们。

"我留意到你家养了一些不错的多米尼克鸡，"乔恩接着说，"而我想买一些新鲜鸡蛋。"

"你怎么知道我的鸡是多米尼克鸡？"她的好奇心似乎被激发了起来。

"我自己也养鸡，"乔恩回答说，"而我敢说，我从未见过比这更好的一群多米尼克鸡。"

"那你为什么不用你自己的鸡蛋？"她仍心存疑虑。

"我的来格亨鸡下白皮蛋。你是烹调的行家，自然知道在做蛋糕时，白皮蛋不能同红皮蛋相比。为此，我的夫人常以她所做的蛋糕引为自豪。"这时，她放心地走了出来，态度温和多了。乔恩环顾四周，发现农场中有一个很好的牛奶棚。

"夫人，"他接着说，"我可以打赌，用你的鸡赚的钱，比你丈夫用牛奶棚赚的钱还要多。"

听到乔恩这么说，她高兴极了！但她表示她的丈夫并不赞同这一点。

在他们参观她的鸡舍的时候，乔恩留意她自造的各种小设备，他还介绍了几种食料及几种喂法，并在几件事上征求她的意见，同时又很高兴地交换了许多有益的经验。

她说她的几位邻居在他们的鸡舍里装上了电灯，据说效果很好。她征求乔恩的意见，她是否应该采取这种办法……

两星期以后，这位夫人的多米尼克鸡也见到了灯光，它们在电光的助长下愉快成长。业务员乔恩得到了他的订单，那位夫人也能多得鸡蛋，这的确是一个双赢的结局。

实际上，所有人在心底都重视自己，喜欢谈论自己，任何人都不愿意听到别人在自己跟前唠唠叨叨、自吹自擂。

法国哲学家罗司法考说过："如果你想结仇，你就要比你的朋友表现得更加出色；但如果你想要得到朋友，那就要让你的朋友表现得更出色。"他的意思是，当你的朋友胜过你时，他们就会产生一种自重感，但是如果相反，他们就会产生一种自卑感，并且开始对你猜疑和忌妒。

所以，我们要谦虚地对待周围的人，鼓励别人畅谈他们的成就，切记喋喋不休地自吹自擂。每个人都有天生的受重视的渴望，都希望别人关心自己，重视自己。如此，我们又为什么不肯牺牲一点点时间，让别人尽情地在你面前倾诉呢？

下次，如果你希望别人的看法与你一致，并赢得别人的赞同，请记住：给他人说话的机会，让他畅所欲言。别总自己一个人口若悬河，没完没了。